COLLECTION PUBLIÉE SOUS LA DIRECTION
DE M. ANATOLE DE LA FORGE

MÉLANGES
ET
VARIÉTÉS

TOME PREMIER

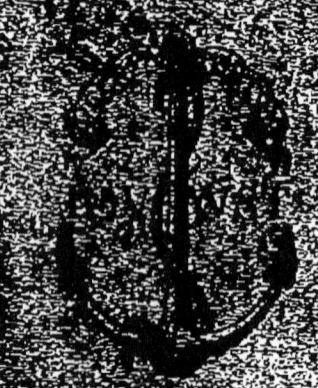

PARIS
LIBRAIRIE DES BIBLIOPHILES
Rue Saint-Honoré, 338

MDCCCLXXIV

ŒUVRES DIVERSES DE JULES JANIN

PUBLIÉES SOUS LA DIRECTION

DE M. ALBERT DE LA FIZELIÈRE

II

MÉLANGES

ET

VARIÉTÉS

Il a été fait un tirage d'amateurs, ainsi composé :

3oo exemplaires sur papier de Hollande (nos 51 à 35o).
 25 — sur papier de Chine (nos 1 à 25)
 25 — sur papier Whatman (nos 26 à 5o).
———
35o exemplaires, numérotés.

Tous les exemplaires de ce tirage sont ornés d'une Gravure a l'eau-forte de M. Ed. Hédouin.

LES CHEVEUX BLANCS DE LA REINE.

JULES JANIN

MÉLANGES
ET
VARIÉTÉS

TOME PREMIER

PARIS

LIBRAIRIE DES BIBLIOPHILES

Rue Saint-Honoré, 338

M DCCC LXXVI

LES ŒUVRES DIVERSES
DE JULES JANIN

Une heureuse nouvelle pour les amateurs de bonne littérature et de beaux livres ! Aujourd'hui même paraît chez Jouaust, à la Librairie des Bibliophiles, sous le titre d'*Œuvres diverses de Jules Janin,* le premier volume d'une collection qui offrira ce que l'on peut appeler la fleur de ce charmant esprit dans tous les genres où il s'est signalé ; et quel genre n'a pas abordé Jules Janin ? romans, contes et nouvelles, mélanges littéraires, critique surtout, critique dramatique, annales du théâtre pendant plus de trente ans !

La collection publiée sous la direction d'un des plus fidèles amis de Jules Janin, M. de La Fizelière,

Nous avons pensé être agréable aux souscripteurs des *Œuvres diverses* de Jules Janin en joignant au second volume de la collection le charmant article par lequel M. de Sacy l'annonçait dernièrement dans le *Journal des Débats.* Ces lignes, qui sont d'un ami autant que d'un lettré, trouvent naturellement leur place dans une publication qui veut être un monument élevé au talent de l'illustre écrivain par l'amitié de ceux qui l'ont le plus connu.

formera douze volumes. Ne vous récriez pas, lecteur paresseux! Douze volumes imprimés avec un luxe et une élégance qui suffiraient pour les faire lire aux plus dégoûtés, douze volumes d'un format commode et modeste, peu chargés de matières, toujours nouveaux par la variété piquante des sujets, faciles à prendre, à quitter, à reprendre, ne lassant jamais, et tels, en un mot, que Jules Janin les aurait choisis et publiés lui-même pour survivre à l'immensité de son œuvre et ne pas succomber sous l'inépuisable richesse de son imagination et de sa plume. Car qui aurait pu songer à publier les œuvres complètes de Jules Janin, ou quelque chose qui y ressemblât? Des œuvres complètes! Jules Janin les avait en horreur, par instinct peut-être, et a exprimé dans une de ses plus jolies pages la peur qu'il en avait. A combien d'auteurs la manie des œuvres complètes n'a-t-elle pas été fatale depuis qu'on écrit tant! C'était bon quand les œuvres complètes de La Bruyère formaient deux petits volumes, et les œuvres complètes de Racine trois ou quatre. Voltaire seul a pu aller jusqu'au tome soixante-dixième, grâce à sa correspondance, et encore! Figurez-vous ce qu'il aurait fallu de pesants volumes pour réunir tout ce que Jules Janin a semé, en courant, d'heureux caprices, de légères et brillantes inventions, de paradoxes ingénieux ou de vérités solides, fond de toile également bon pour les mille couleurs et la magie de son style! Et pourtant eût-il été juste que Janin fût victime de sa fécondité même, et qu'il ne restât de lui qu'un nom, un des noms les plus populaires, il est vrai, dans l'histoire de la littérature de notre temps?

C'est ce que ses amis n'ont pas voulu permettre, et surtout ce que n'aurait pu souffrir celle qui a été pendant tant d'heureuses années la compagne fidèle, l'inspiration, l'âme de Jules Janin, et dont il est devenu à son tour, malgré la mort qui a brisé leur lien, l'unique et la perpétuelle pensée. Que faire donc? Non pas choisir, à proprement parler, dans les œuvres de Jules Janin, car choisir c'eût été condamner celles qu'on n'aurait pas reproduites; et quelques-unes des meilleures et des plus célèbres, *Barnave,* par exemple, qui fit tant de bruit à son apparition, et la *Religieuse de Toulouse,* auraient été exposées, par leur étendue même, à subir cet affront aussi injuste qu'involontaire; mais, en laissant à la librairie le soin de réimprimer à part ceux de ces grands ouvrages que le public redemandera, recueillir les petits, les bijoux, les perles de l'écrin, les favoris de l'auteur, ces morceaux courts et exquis dans lesquels Jules Janin s'est complu, où il n'a mis que ce qu'il avait de meilleur, le dessus de son cœur, de son esprit et de son talent; tout Janin sera là en peu de volumes, le Janin des bons jours, Janin quand un beau soleil luisait sur sa tête, que tout riait autour de lui, et que pas un nuage ne troublait la sérénité de son âme.

Voici d'abord la première et la plus originale peut-être des fantaisies de Jules Janin, *l'Ane mort et la Femme guillotinée.* Est-ce un roman? est-ce une satire? Qu'a voulu prouver Jules Janin? a-t-il voulu prouver quelque chose? Je n'en sais rien, je n'en ai jamais rien su, et je soupçonne, après avoir relu sa préface aussi spirituelle qu'énigmatique, que Janin lui-même n'en savait pas là-dessus beaucoup plus que nous. Qu'importe, si sous le voile du fond le détail étincelle de mille jets de flammes, bleus, rouges, violets; si chaque chapitre ou chaque scène du livre est une pièce ou un roman tout entier; si l'on se sent ému sans trop savoir pourquoi, entraîné sans deviner d'où l'on vient et où l'on va; séduit, charmé, fasciné par le prodigieux esprit de l'écrivain, par sa verve intarissable et par les ressources d'un style qui avance toujours et ne recule devant rien? Aussi le succès de l'*Ane mort et la Femme guillotinée* (je désigne l'ouvrage par son titre, ne sachant, pas plus que l'auteur, comment le qualifier), aussi le succès fut-il immense; tous ceux qui ont mon âge peuvent s'en souvenir, et la réputation de Jules Janin se trouva solidement fondée par ce coup d'essai téméraire: à peine aujourd'hui le trouverait-on hardi, tant les choses ont changé. Que ce succès se soit soutenu et dure encore, tant de réimpressions dans tous les formats, illustrées et non illustrées, en sont la preuve. La nouvelle collection, j'en ai le premier volume sous les yeux, devait s'ouvrir et s'ouvre par là, après quelques pages pourtant bien connues et charmantes de Jules Janin sur sa jeunesse et sur son entrée dans la vie littéraire, pages d'autant plus précieuses que Jules Janin a été le même depuis le premier jour de sa vie jusqu'au dernier, un enfant toujours. Jamais Janin n'est sorti de nourrice. Heureusement le lait de la nourrice était si bon, et l'enfant si aimable et si joli, malgré ses caprices!

Les deux volumes qui suivront celui-ci contiendront les *Mélanges et Variétés littéraires*. Deux autres volumes donneront les *Contes et Nouvelles*. La

Critique dramatique remplira à elle seule quatre volumes, et encore ne sera-ce qu'un choix; mais, pour le coup, un choix était ici chose absolument nécessaire. Si le choix est bon, et comment ne le serait-il pas? on aura ce qui est sorti de plus fin, de plus délicat et de plus vrai de la plume de Jules Janin. Toutes les fois que la passion ne s'en mêlait pas, et elle s'en mêlait rarement, Janin était un juge infaillible en matière de théâtre. S'il a péché, c'est plus souvent par l'excès de l'éloge que par celui du blâme. Il a pu avoir ses jours d'injustice : soyez donc juste quarante ans de suite sur votre siége de critique! j'en défierais Minos ou Aristarque lui-même. Mais Janin était bon; on l'attendrissait aisément; ses colères étaient des colères sans fiel. Une parole flatteuse, une caresse, un bonbon le remettait de bonne humeur. Chose singulière et que j'ai été dans le cas de remarquer bien des fois, Janin, si bon juge des autres, ne l'était pas autant de lui-même. Il mesurait le mérite de ses feuilletons à leur longueur; un feuilleton court lui faisait de la peine, il en aurait pleuré. Il y en a d'excellents parmi les plus longs; j'engage néanmoins ceux qui feront le choix à ne pas dédaigner les plus courts.

Après la *Critique dramatique* viendra, en un volume, la *Correspondance privée* de Janin, et ce volume, j'en suis sûr sans l'avoir lu, ne sera ni le moins curieux ni le moins touchant de la collection. La plume de Janin, dès qu'il s'agissait de donner à quelqu'un un bon conseil, une consolation, un encouragement, un espoir, devenait la meilleure et la plus sensée personne du monde. Le *Neveu de Rameau*, complété encore par quelques nouvelles, formera les deux derniers volumes, et terminera de la manière la plus brillante cette collection, à laquelle cependant, je ne puis m'empêcher de le dire, il manquera quelque chose, quelque chose que bien des gens regardent comme la pierre la plus précieuse de la couronne littéraire de Janin, sa traduction d'Horace. De plus fidèles et de plus exactes quant au sens littéral, on en trouverait aisément; même quant à l'esprit, je ne jurerais pas que ce fût bien là l'Horace du siècle d'Auguste, le vieil Horace de Mécène; c'est un autre Horace peut-être, mais un Horace vivant, l'Horace de Janin, l'Horace que doivent lire, que liront toujours avec plaisir ceux qui ne peuvent pas lire le poëte latin dans sa propre langue. De grâce, un treizième volume pour l'Horace-Janin! Qu'est-ce qu'un volume de plus[1]?

Je ne voulais pourtant faire qu'une courte annonce! Le souvenir de Janin, auquel s'unissent dans mon cœur tant d'autres souvenirs qui ne me sont pas moins chers, tous les souvenirs, mon Dieu! de ma jeunesse, l'amitié que je lui portais, que je porte encore à sa mémoire, et qu'il me rendait avec une si généreuse usure, m'ont entraîné bien plus loin que je ne pensais. Ce bon Janin! hélas! je l'ai vu, je le vois encore sur ce lit de misère qu'il ne devait plus quitter, ne prononçant déjà qu'avec bien de la peine quelques mots entrecoupés et dont il n'était pas facile de saisir le sens! Ses yeux parlaient pour lui, ses yeux si tendres, dans lesquels s'était réfugiée toute sa vie, toute

---

1. Le vœu exprimé ici par M. de Sacy ne tardera pas à être exaucé. A la suite des *Œuvres diverses* paraîtra, dans les mêmes conditions de publication, la traduction d'Horace, en deux volumes.

son âme; nos mains l'une dans l'autre, et étroitement serrées, nous nous disions le dernier adieu! cet adieu qui vaudrait à lui seul qu'on ne fût pas enlevé à ses amis et à sa famille par un coup subit! Je ne devais plus le revoir! C'est dans ses œuvres qu'il revit d'une vie qui ne périra pas; c'est là que nous irons encore le chercher, nous ses vieux amis, et c'est là que le retrouveront à jamais, aimable et charmant, les indifférents mêmes qui le liront. Ne croyez pas cette lecture si frivole. Tout n'y est pas esprit seulement, grâce et richesse de style et d'imagination. Le bon cœur, le bon sens, y ont aussi leur place, et, sous une apparente folie, s'y cache, souvent beaucoup de sagesse. Douce pensée! Janin a été heureux pendant sa vie, heureux par la modération de ses désirs, dont le plus vif et le plus ambitieux a été comblé le jour de sa nomination à l'Académie française; heureux par ses amis, par ses livres; heureux par celle qui le pleure aujourd'hui et ne veut pas être consolée; heureux encore après sa mort, puisque c'est M. John Lemoinne, son successeur à l'Académie, qui fera son éloge devant le public, et M. Cuvillier-Fleury qui répondra à M. John Lemoinne.

S. DE SACY.

LES CHEVEUX BLANCS

DE LA REINE

A M. D***.

Pourquoi voulez-vous, Monsieur, que je vous raconte cette lente agonie ? Savez-vous bien quel fut le long martyre de cette femme, fille, femme et mère de rois ? Et comment donc pensez-vous que je pourrai suffire au récit de toutes ces douleurs ? Cependant, vous le voulez, je vais entreprendre cette horrible tâche. Il est bon d'ailleurs que de semblables crimes ne soient pas oubliés : il y a un enseignement solennel au fond de ces royales misères, et ce n'est pas trop le payer que de l'acheter au prix de quelques angoisses. Donc je commence. — Et toi, fais silence, mon cœur!

La nuit du 1er août 1793, le concierge de la prison de la Conciergerie s'occupait de meubler un étroit cachot situé à l'extrémité du long corridor noir. Le cachot était sombre, humide, malsain; le jour y tombait à peine, et il pénétrait à regret à travers ces épais barreaux chargés de rouille. Dans ces quatre murs humides le porte-clefs plaça un lit de sangle, et sur ce lit deux matelas, un traversin, une couverture; à côté du lit une cuvette et un tabouret. Certes, pour que le concierge de cette prison se permît de pareils préparatifs, il fallait qu'il attendît un personnage important. Hélas! ce n'était que la reine de France, la fille de Marie-Thérèse d'Autriche, qui allait venir.

Il était trois heures du matin. Déjà le ciel se colorait de ses teintes roses du mois d'août. Ce n'était plus la nuit, ce n'était pas le jour; c'était l'heure où plus d'une fois la reine de France, ouvrant sa fenêtre dans son appartement du château de Versailles, seule, en silence, heureuse, attendait les premiers rayons du soleil et les premiers chants de l'oiseau. Qu'ils étaient beaux à cette heure les jardins de Versailles! Le cristal de ces eaux murmurantes, s'écoulant doucement à travers ces gazons fleuris, ce peuple de statues mollement endormies, ces vieux arbres qui avaient abrité le grand roi et le grand siècle, cette allée sombre où se promenait Bossuet, et, tout au bout de l'avenue, le petit Trianon, chaumière de marbre dont la Reine était la bergère : tel était ce spectacle matinal.

Mais aujourd'hui, à trois heures du matin, la Reine est brusquement tirée de son sommeil. « Debout ! debout ! » Il faut qu'elle parte du Temple pour aller à la Conciergerie ; le cachot qu'elle habite est trop bon pour elle. Elle se lève donc entre deux gendarmes, elle monte dans une voiture de place avec ces gendarmes ; les stores de la voiture sont baissés ; la royale captive ne verra pas même à travers ces vitres fangeuses cette belle aurore. Il n'y a plus d'aurore pour la Reine, il n'y a plus de ciel, il n'y a plus un oiseau qui chante, plus une feuille qui verdisse ; il n'y a plus que le bourreau.

Arrivée à la Conciergerie, la porte se referma sur elle ; et cependant on dirait qu'elle connaît déjà tous les détours de cette nouvelle prison, tant elle est habile à parcourir ces sombres corridors. Elle marche dans ce dédale obscur aussi calme que si elle eût traversé la galerie de Lebrun pour se rendre à la chambre du roi. Tout d'un coup, à sa porte étroite, à son aspect menaçant, à son guichet gardé par des espions, elle devina le cachot qui lui était destiné, et elle entra.

On lui apporta le livre d'écrou, elle le signa d'une main ferme; puis elle tira de sa poche un mouchoir blanc, et à plusieurs reprises elle essuya son beau front, chargé de sueur pour être venue dans cette voiture fermée, entre deux gendarmes. Après quoi son regard se porta sur ces murs humides. Elle vit d'un coup d'œil toute cette nouvelle misère : ces dalles froides, ces portes de fer, cette voûte, toute la nudité de ce tombeau. Elle eut peur; mais cette âme royale fut bientôt remise. Alors elle tira de son sein une petite montre qu'on lui avait laissée : elle vit qu'il était quatre heures du matin. Elle suspendit sa montre à un clou qu'elle découvrit dans la muraille, dont ce clou était l'unique ornement; et, comme elle avait fait sa prière la veille en se couchant dans son autre prison, elle se déshabilla pour se coucher dans ce lit de sangle, sur ces deux matelas.

Il y avait près de la Reine la femme du concierge et la servante de cette femme. Cette servante était une honnête fille bretonne : elle eut pitié de la Reine et elle voulut l'aider à se déshabiller. La Reine étonnée regarda cette jeune fille, et, voyant près d'elle une figure compatissante, elle ne pouvait en croire ses yeux. « Ma fille, dit-elle à la jeune Bretonne, je me sers moi-même depuis longtemps. » Et elle se mit au lit. Deux gendarmes veillaient dans son cachot; ces deux gendarmes s'appelaient Dufrène et Gilbert.

Elle resta ainsi quarante jours sans autre misère que la misère de chaque jour, veuve et seule; pas une nouvelle de son fils le roi de France; pas une nouvelle de ses enfants; pas une nouvelle de Madame Élisabeth! pas d'autre bruit que le bruit des portes de fer, et le bruit de la charrette qui s'en allait chaque matin porter la provende quotidienne au bourreau.

Mais, vers la mi-septembre, dans le cachot de la reine descendit Fouquier-Tinville, ivre de fureur. Toute la république s'agitait autour de cette prison. — Les gardes furent changés; le concierge fut mis au cachot; on plaça une sentinelle à la fenêtre de cette pauvre femme, et cette sentinelle se promenait nuit et jour devant cette fenêtre. — C'est que, voyez-vous, on avait laissé tomber aux pieds de la Reine un œillet.

Elle supporta sans se plaindre ces nouveaux outrages. Elle était impassible comme ce beau marbre qui représente Niobé; elle était si calme et si triste que les plus grossiers porte-clefs faisaient silence en l'approchant et se découvraient malgré eux. Bientôt même la sentinelle qui marchait sous ces

fenêtres n'osa plus arrêter son regard sur ce cachot.
— Il sortait de ce cachot je ne sais quelle sainte terreur qui éblouissait.

Un jour elle dit à sa servante : « Rosalie, faites mon chignon »; et en même temps elle tendait à la jeune fille cette belle tête qui devait tomber sitôt, et ces beaux cheveux qui avaient inspiré tous les poëtes du monde, et Métastase le premier. Le concierge ne voulut pas permettre à Rosalie d'arranger les cheveux de la Reine. — Il dit que « c'était son droit », et il s'apprêtait à relever ces beaux cheveux; mais la Reine les releva elle-même. Il n'y avait que le bourreau qui eût le droit de la toucher.

Quand elle eut relevé elle-même ces beaux cheveux blonds qui se plaçaient autour de sa tête avec une grâce et une majesté si naturelles, elle les partagea en deux sur le front, elle les couvrit elle-même d'un peu de poudre parfumée; puis elle mit sur sa tête un simple petit bonnet qu'elle portait depuis douze jours. Mais le lendemain, dans un jour de clémence, la république permit qu'on apportât du Temple à la Reine des chemises de batiste, des mouchoirs de poche, des fichus, des bas de soie, un déshabillé blanc pour le matin, quelques bonnets de nuit et quelques bouts de ruban blanc. La Reine se prit à sourire tristement en recevant ces pauvres débris de sa grandeur passée. « Ah! dit-elle, je reconnais les bons soins de ma sœur!... » Et en effet, c'était Madame Élisabeth elle-même qui envoyait ce linge à sa sœur.

Alors, voyant toute cette abondance inespérée, la Reine se hasarda à demander un second bonnet de deuil. Mais, comme elle ne pouvait pas le payer, elle pensa qu'*il y avait assez de linon dans son bonnet pour en faire deux*. Dites-moi, savez-vous un plus grand deuil que celui-là, et porté à plus bas prix?

L'ordre était qu'on n'accordât à la prisonnière ni livres ni papier; bien plus, ni fil ni ciseaux, afin, sans doute, que rien ne la vînt distraire de ses ennuis. — Elle, cependant, elle arrachait les gros fils d'une tapisserie, et avec ces fils elle faisait du lacet; son genou lui servait de coussin, quelques épingles faisaient le reste. Quelquefois, le dimanche, son geôlier lui apportait quelques fleurs dans un vase de terre, et alors la captive se prenait à sourire doucement : elle aimait tant les fleurs! O ses belles fleurs de Trianon, chastes compagnes de ses loisirs! ô les belles roses qu'elle cultivait de ses mains! ô les œillets qui portaient son nom! ô les douces marguerites qui s'épanouissaient au souffle caressant de leur Reine, à la douce et murmurante rosée de ces mille jets d'eau qui ne se taisaient ni jour ni nuit! ô la prairie émaillée qu'elle parcourait, abritée sous un chapeau de paille! ô les blanches génisses qui venaient manger dans ses mains si blanches! Où donc êtes-vous, ses beaux jours?

Mais bientôt le concierge supprima les roses : c'était trop de bonheur pour la captive, et on avait peur de Fouquier-Tinville. La Reine aimait aussi le doux visage, le tendre regard, l'air ingénu et rempli de pitié de la jeune servante bretonne : un énorme paravent sépara la jeune servante de la Reine; à peine Rosalie pouvait-elle de temps à autre passer la tête au-dessus de ce rempart comme pour dire à la Reine : « Madame, je suis là! » Et ces moments-là étaient si courts!

Derrière ce paravent se tenaient les gendarmes, et avec les gendarmes un forçat libéré. La Reine n'avait pas d'autre maître de la garde-robe que ce forçat, nommé Barassin; et, quand il était sorti, elle priait Rosalie de brûler du genièvre pour changer l'air.

Rosalie avait obtenu la permission de brosser les souliers de la Reine. C'étaient de jolis petits souliers noirs de prunelle, qu'on eût pris pour les pantoufles de Cendrillon; la France entière avait été prosternée à ces deux pieds, qu'on eût encore adorés même s'ils n'avaient pas été les deux pieds d'une reine. Le froid et l'humidité de la prison s'attachaient à cette légère chaussure comme eût fait la boue de l'hiver; un jour même, un gendarme républicain eut pitié de cette humble chaussure : il tira son sabre et ôta avec soin toute cette rouille moisie qui entourait les petites semelles. Cependant dans le préau voisin, les yeux fixés sur cette grille qui les séparait de leur souveraine, se tenaient les prisonniers du Temple, royalistes voués à la mort : c'étaient de vieux prêtres de Jésus-Christ, c'étaient de vieux officiers de Fontenoy, c'étaient quelques gentilshommes en retard avec l'échafaud. Les uns et les autres, ils oubliaient leur captivité, leurs misères présentes, la mort qu'ils attendaient, pour ne songer qu'à la Reine enfermée là, dans ce cachot. — Quand ces infortunés virent ce gendarme qui essuyait les souliers de la Reine, ils tendirent les mains avec une prière suppliante, et ce gendarme leur passa le soulier de la Reine, et les uns et les autres, ils le portèrent à leurs lèvres avec un saint respect.

A midi le guichetier apportait dans un plat le dîner de la Reine, la moitié d'un poulet, un plat de légumes, une fourchette d'étain. La Reine se mettait à table, et personne ne restait pour la servir. Plus d'un prisonnier attendait que ce maigre repas fût achevé pour ramasser quelques miettes de la table royale : heureux et fier était celui qui pouvait boire dans le verre de la Reine; et alors, le malheureux gentilhomme, la tête nue, buvait à la santé de Sa Majesté.

Il n'y avait dans le cachot ni commode, ni armoire, ni même un petit miroir. Après bien des prières, la Reine obtint à grand'peine un carton pour serrer son linge, un petit miroir pour le suspendre au même clou auquel elle avait suspendu sa montre. Et ce jour-là elle fut aussi fière que si on lui eût apporté la plus belle glace de Venise ou le plus beau meuble de Boule.

Bientôt on trouva que c'était trop de luxe de donner à la Reine un poulet et un plat de légumes : on retrancha la moitié de cet ordinaire, et les dames de la Halle n'eurent même pas la consolation de dire chaque jour au fournisseur de la prison : « Prenez, Monsieur, c'est pour notre Reine ! »

Eh bien! même dans ce complet abandon, au milieu de cette horrible pauvreté, accablée sous le poids de toutes ces douleurs, on retrouvait encore la reine et la femme, la plus grande reine du monde et la plus belle personne du monde! Elle tendait à la cruche de grès ce gobelet d'étain, comme si elle eût tenu une coupe d'or. Ses belles mains blanches et si froides, sa belle tête si calme plongée dans ce pâle demi-jour, cette taille élégante et majestueuse à la fois, ce silence plein de résignation, ce sont là autant de détails que nulle bouche humaine ne saurait dire. Cependant elle succombait peu à peu sous l'influence de la mauvaise nourriture, du mauvais air, du chagrin, de l'abandon; mais elle succombait sans se plaindre. Elle mourait lentement; et comme on ne lui donnait pas assez de linge, elle demandait en cachette des linges à Rosalie, et Rosalie déchirait ses chemises pour faire cette aumône à Sa Majesté.

Elle ne savait même pas les heures, sinon les heures de la guillotine le matin, et des arrêts de mort à midi, et des nouvelles incarcérations le soir; elle ne savait que les heures funestes de cette prison si remplie de misères de toutes sortes : on lui avait enlevé cette montre qu'elle avait suspendue à un clou en entrant dans son cachot. C'était un simple bijou en or émaillé que lui avait donné sa mère alors qu'elle n'était encore qu'une jeune fille ignorante de la vie. Cette montre ne l'avait jamais quittée : elle lui rappelait des heures si douces! Dauphine et reine de France, à Versailles et dans le donjon du Temple, elle n'avait pas eu d'autre montre. Ce bijou lui fut enlevé *de par la nation*, et elle pleura beaucoup quand elle livra aux commissaires de la république ce cadeau que lui avait fait Marie-Thérèse d'Autriche.

On lui enleva aussi deux jolies bagues ornées de diamants. — C'était tout ce qui lui restait de sa fortune passée. Elle aimait à se parer de ces deux petites pierreries; elle s'amusait à les changer d'une main à l'autre. Ces deux petits diamants brillaient à ses doigts effilés comme brillait son œil bleu dans la pâleur de son visage. — Passe encore de lui voler ses diamants, mais lui arracher violemment l'anneau de son mariage, cette alliance que lui avait donnée le roi de France, cette dernière et touchante relique du roi martyr! Les barbares! les insensés! Mais ne l'avait-elle pas bien assez chèrement payé cet anneau d'or, cette pauvre femme que vous en dépouillez? Cet anneau d'or, elle l'a payé de sa beauté, de sa jeunesse; elle l'a payé de sa tête! Cet anneau d'or l'a faite reine de France, et de quelle France? reine d'un volcan! cet anneau d'or l'a fait asseoir sur un trône, trône croulant. Cet anneau d'or lui a ouvert les portes d'un palais, palais brisé; cet anneau d'or l'a fait coucher dans un lit royal, lit royal que le peuple a fouillé avec ses baïonnettes sanglantes; cet anneau d'or l'a unie à un roi, roi égorgé; cet anneau d'or l'a faite la mère d'un roi, roi qu'on livre à un savetier, et que ce savetier tue à coups de pied; cet anneau d'or l'a faite la sœur d'une sainte, sainte Élisabeth, sainte insultée et couverte d'opprobres; cet anneau d'or lui a donné des amis, amis chassés de France, ou têtes coupées sur l'échafaud, amie égorgée, violée, et dont le cœur a été dévoré par des cannibales. Si les égorgeurs de ce temps-là avaient su tout à fait leur métier de tortionnaires, loin de le lui enlever, ils auraient suspendu devant elle, nuit et jour, cet anneau d'or!

Et les barbares, s'ils avaient su que la veuve de Louis XVI portait sur son cœur, dans un médaillon, les cheveux du roi, et qu'elle les portait à ses lèvres, la nuit et le jour, avant sa prière, nul doute qu'ils n'eussent été chercher les cheveux du roi sur le cœur de la Reine. Mais le Ciel lui épargna cet outrage, le seul outrage que le Ciel lui ait épargné.

Chaque jour, à chaque instant, de nouveaux espions arrivaient pour troubler ce silence résigné, ces prières ardentes : c'étaient des architectes, c'étaient des brutes en bonnets rouges, bêtes féroces et menaçantes qui s'en venaient, le bonnet sur la tête, pour interroger les barreaux, les grilles, les verrous, les portes, les murailles, la tuile, le fer, les pierres de taille, les voûtes, les geôliers, les porte-clefs, les instructeurs. — Un lion enchaîné dans une bergerie n'eût pas donné plus d'inquiétudes que la Reine n'en donnait à ces bourreaux.

Elle cependant, elle était de plus en plus résignée chaque jour. Elle comprenait, à toutes ces barbaries redoublées, que sa dernière heure approchait enfin : elle n'avait plus d'autre occupation que de prier le Ciel. Un jour qu'elle était à genoux elle aperçut dans un cachot qui était en face du sien une religieuse qui priait avec une ardeur sans égale : cette religieuse priait pour la Reine. — Ces deux captives se comprirent du fond de cet abîme et elles se montrèrent le ciel.

Ces journées si tristes, si sombres et si brûlantes du mois d'août firent place aux journées si tristes, si sombres et si froides du mois de septembre. Tout d'un coup la chaleur nauséabonde du cachot fit place à un froid pluvieux ; l'épais nuage de la Conciergerie tomba lourdement dans cette ruelle étroite, et la captive fut exposée au suintement infect de cette prison remplie d'immondices. La Reine avait si froid qu'elle s'en plaignit ; mais à qui se plaindre ? La jeune Bretonne seule en eut pitié : elle allait échauffer au feu du concierge la camisole de la Reine ; et, comme dans cette nuit profonde on ne permettait à la prisonnière ni flambeau ni d'autre clarté que celle du réverbère de la cour, espèce de lueur funèbre comme on en place sur les tombeaux nouvellement habités, la jeune fille, par pitié pour la Reine, traînait en longueur son petit ménage du soir, afin que la Reine pût voir la chandelle brûler cinq minutes de plus.

Douze jours se passèrent ainsi; mais le douzième jour les juges arrivèrent : ils procédèrent à un premier interrogatoire; ils firent coucher un officier dans la chambre royale. La Reine ne se coucha pas.

Le 15 octobre on vint la prendre à huit heures du matin pour la faire passer dans la salle d'audience. Elle dormait : on la réveilla en sursaut; elle était à jeun, on la laissa à jeun. Elle parla comme parlent les anges! Elle trouva dans son cœur cet *appel à toutes les mères* qui fit pâlir les héros de septembre et qui arracha des applaudissements et des larmes aux tricoteuses d'en haut. A quatre heures de l'après-midi la séance fut suspendue; et alors un des geôliers voulut se souvenir que la Reine n'avait encore rien pris de la journée. Il y avait neuf heures qu'elle se débattait contre les bourreaux de Louis XVI, la pauvre femme! On lui apporta un bouillon. C'était sa jeune servante bretonne Rosalie qui le devait présenter. Mais, comme elle passait par la grande salle pour se rendre près de la Reine, un commissaire de police arracha le bouillon aux mains de Rosalie. Ce commissaire de police, nommé Labuzière, était camard et bossu; il avait pour maîtresse une fille de joie du Palais-Royal, qu'il avait placée sur le premier banc pour assister plus à l'aise à l'exécution de la veuve Capet.

Rosalie crut d'abord que ce Labuzière ne voulait pas laisser prendre à la Reine ce bouillon dont la pauvre malheureuse avait si grand besoin : cet homme méditait un plus grand crime; il voulait fournir à une ignoble créature qui avait envie de bien voir la Reine l'occasion de l'approcher de plus près : voilà pourquoi il arrachait la tasse ébréchée aux mains de Rosalie toute en larmes. La tasse fut confiée à la fille de joie de Scévola Labuzière; et cette fille, dans son affreuse curiosité de voir la Reine, lui porta ce bouillon, dont elle répandit la moitié en chemin. Chaque goutte de ce bouillon ainsi répandu, c'était une goutte de sang de moins dans les veines de Sa Majesté!

Et voilà certes un digne sujet de tableau pour servir de pendant à l'éponge imbibée de vinaigre et de fiel qu'on porta aux lèvres du Christ sur son Calvaire : la maîtresse de Labuzière donnant à boire à Marie-Antoinette d'Autriche pour la mieux voir !

Le même jour, la reine de France étant condamnée à mort, Labuzière alla souper chez sa maîtresse.

Avant le jour fatal la Reine demanda un prêtre :

la République lui envoya un de ses prêtres. La Reine n'eut plus qu'à s'agenouiller devant Dieu.

Enfin son jour de délivrance arriva. Dès la veille la victime avait raccommodé de ses mains la robe noire qu'elle voulut porter à l'échafaud. Mais comme, la veille, avec cette robe de veuve elle avait paru belle et majestueuse, ses juges ne voulurent pas qu'elle la reprît pour le jour de son supplice : ce fut donc avec le déshabillé blanc que lui avait envoyé sa sœur Élisabeth qu'elle marcha à la mort. De ses deux coiffes de veuve elle avait refait une seule coiffe, mais sans barbes et sans aucune marque de deuil : elle n'avait plus à porter le deuil de personne. Elle arrangea pour la dernière fois ses beaux cheveux, et elle frémit en voyant tout d'un coup sa tête toute blanche, blanchie en vingt-quatre heures !... Elle compléta cette dernière parure en mettant à ses jambes des bas noirs, et à ses pieds ces mêmes petits souliers qu'elle avait conservés précieusement et qu'elle n'avait point déformés depuis soixante-seize jours qu'ils lui servaient.

Oserai-je vous dire ce que Rosalie raconte ? que la Reine, à demi cachée entre la muraille et son lit de sangle, fut obligée de s'accroupir contre le mur pour changer de vêtements, et que le gendarme qui la gardait se baissa dans la ruelle pour voir la

Reine, et qu'en vain Sa Majesté, tournant vers cet homme des yeux pleins de larmes, le pria, *au nom de l'honnêteté,* de détourner la tête. Le gendarme répondit que c'était sa consigne. Et quand elle eut changé de robe, par un dernier sentiment de pudeur, la pauvre femme plia avec soin le vêtement qu'elle quittait, et, après l'avoir bien roulé, elle l'enferma dans une des manches comme dans un fourreau, puis elle le cacha dans le matelas de son lit. Et le bourreau l'attendait !

Et, comme si la nation avait eu peur de voir quelque miracle vengeur sortir de ce cachot de la Conciergerie, à peine la Reine fut-elle sortie de cet antre pour aller à la mort, que les geôliers s'emparèrent de tout ce qui avait appartenu à la Reine; toute cette triste dépouille fut enveloppée pêle-mêle dans les draps du lit et emportée on ne sait où.

Vous savez aussi comment l'exécuteur des hautes œuvres lia brutalement et trop fort les mains de la Reine, et qu'il lui coupa sa coiffe, cette même coiffe qu'elle avait eu tant de peine à réparer, et qu'il lui coupa les cheveux, et que, ses cheveux coupés, le bourreau les mit dans sa poche pour les brûler !

Et cet enfant rose et blanc qui tendit ses deux petites mains à l'auguste victime, si bien que la Reine pensa que c'était son fils, le martyr enfant qu'elle ne devait revoir que dans le ciel !

Vous savez que les deux gendarmes qui la gardaient fumaient dans son cachot en tenant des propos obscènes.

Vous savez qu'elle avait écrit son testament en cachette, entre ses draps, et que ce testament fut remis à Fouquier-Tinville.

Enfin, vous savez sa mort, et vous n'attendez pas encore que je vous la raconte... Je n'en puis plus.

Ah! vous voulez des détails! Ah! vous voulez que je revienne lentement sur ces incroyables supplices! Ah! vous voulez savoir l'histoire entière de cette agonie royale, et c'est moi que vous chargez de ramasser une à une toutes ces tortures! Eh bien! vous l'avez voulu, je vous les ai dites jour par jour, heure par heure, minute par minute, toutes ces tortures, c'est-à-dire que je vous ai dit à peine quelques-unes des souffrances corporelles de cette Majesté outragée. Mais les souffrances de son âme, mais les tortures de son cœur, quel poëte, quel historien, quel prophète, quel ange du ciel pourrait les raconter, ô mon Dieu!

TRAITÉ

DES PETITS BONHEURS

CE jour-ci fut pour moi un de ces jours qu'on doit marquer par une pierre blanche, époques trop rares dans une vie humaine, soit que le sort nous ait condamnés à vivre au milieu des tribulations et des traverses, soit que notre âme, insatiable de plaisirs extravagants, néglige souvent ceux qui sont à portée, pour courir après d'autres biens dont l'imagination a fait seule tous les frais.

Je m'étais endormi la veille au bruit d'une horrible tempête; quand je me réveillai, un premier rayon de printemps scintillait gracieusement dans ma chambre. Je m'amusai à voir par combien d'efforts il brisait les rideaux qui lui refusaient passage, souple comme un courtisan la veille d'une promotion. C'était, en vérité, un charmant spectacle. D'abord le soleil naissant entra vivement; tantôt il se portait sur quelques livres épars, témoins chéris de mes travaux; tantôt il se fixait sur cette excellente copie de Delacroix que j'ai achetée comme un original, jusqu'à ce qu'enfin, comme par une réflexion soudaine, il allât se poser sur un bouquet de violettes parfumées. Mon regard, mon âme, tout mon être le suivait : la journée pouvait finir, j'avais par devant moi un siècle de bonheur!

Cette disposition d'esprit est, à mon sens, ce qu'il y a de plus heureux sur la terre. Je l'ai rencontrée bien rarement; elle veut à celui qui la possède tant d'indépendance dans le caractère et tant d'insouciance dans la vie, que, selon moi, c'est un grand commencement de sagesse si ce n'est pas la sagesse elle-même. Pour ma part, j'imiterais volontiers la retenue de ce jeune Grec qui aimait tant sa maîtresse qu'il ne voulut pas la posséder, s'il y avait de nos jours sécurité à tenter pareille épreuve. Quel dommage, je vous le demande, que les premières angoisses de l'amour ne durent pas plus longtemps! Qu'il est malheureux que ces timides étreintes et ce respect avec lequel vous serrez une main aimée disparaissent devant d'autres plaisirs! Le but de l'amour a tué l'amour. Parlez-moi des héros de chevalerie, des chevaliers de la Table ronde! Voilà des hommes qui s'entendaient en amour! Qui ne préférerait leurs coups de lance en faveur de leur dame, et l'écharpe qu'elle attachait à leurs chapeaux, à toutes les descriptions voluptueuses qu'on rencontre dans les romans de Crébillon fils? Non plus que lord Byron je ne peux pardonner à Cervantes d'avoir fait un livre plein d'esprit pour détruire dans sa fleur cet épanchement d'un noble cœur, et le rendre ridicule aux yeux même des femmes, dont il était la sauvegarde.

Vous ne sauriez croire combien je suis heureux quand je vois une toute jeune fille, frais et riant bouton de rose qui s'épanouit au souffle de ses quinze printemps! tant de bonheur repose sur cette tête riante que j'en fais un instant mon propre bonheur. Je frissonne de plaisir si, dans sa course, elle me touche de son voile; si, par hasard, elle me regarde, je rougis comme si je faisais une mauvaise action; et pourtant, Dieu le sait, mon regard a suivi la charmante enfant avec le même intérêt que j'ai pris souvent aux premières leçons que l'oiseau donne à sa famille. D'abord, son vol est faible et timide; bientôt, plus audacieuse, la jeune couvée va quitter le nid maternel, et toute la famille, avec des chants joyeux, se perdra dans les airs.

De cette manière, toutes les femmes sont à moi. Elles sont à moi sans crime, sans remords, comme le parfum d'une fleur; vous avez beau l'entourer de barricades, comme au jardin des Tuileries, vous ne pouvez m'empêcher de la voir et de la sentir. Regardez-moi : avec cet extérieur négligé, je suis plus heureux en femmes que Faublas et Lovelace, plus heureux que don Juan; et je n'ai porté le désespoir dans aucune famille, le déshonneur dans aucun ménage. Moi-même, je suis à l'abri de tous les chagrins de l'amour, de la jalousie surtout, ver rongeur qui épuise l'âme autant que le jeu, la plus ignoble de toutes les passions. Que de fois me suis-je arrêté devant la chambre d'une jeune mariée, à l'heure de minuit! Je voyais la bougie scintillante, j'entendais les derniers sons des instruments, je me figurais la jeune épousée honteuse de se voir dans la chambre d'un homme, et versant une larme virginale dans le sein de sa mère... Jeune époux, j'étais heureux avant toi et plus que toi!

Qui pourrait définir la gloire ? qui pourrait me dire au juste ce qu'il y a de plus dans le monde pour les puissants et les riches? En vérité, je ne le vois pas, si ce n'est qu'ils sont tous inquiets, colères, méchants, envieux, et qu'avec la théorie des petits bonheurs on sera toujours gai, content de soi et des autres, et l'ennemi seulement des bavards et des sots.

Vous avez lu souvent la magnifique introduction d'un livre de Lucrèce. Un homme, au sommet d'une montagne, voit de loin l'orage sous ses pieds et les vaisseaux battus des vents. Telle est l'image de celui qui sait être heureux. Je vous en conjure, ne le confondez pas avec le faiseur de châteaux en Espagne : autant vaudrait confondre les stoïciens avec les disciples d'Épicure. Pour faire des châteaux en Espagne, il faut être sous le joug de l'ambition. (Et Dieu sait de quelle ambition, puisque La Fontaine lui-même allait détrôner le Sophi!) Au contraire, pour être heureux d'un petit bonheur, il faut n'avoir rien ni à désirer ni à craindre; il faut vivoter plutôt que vivre; il faut, comme Madeleine, avoir beaucoup d'amour. Le chef de cette école de philosophes est, à mon avis, Sterne. Je donnerais dix ans de ma vie pour avoir trouvé l'histoire de l'âne, et, mieux encore, l'histoire de cette jeune soubrette lorsqu'elle lui rattache un bouton à son habit. Toute la théorie des petits bonheurs est là, ne la cherchez pas autre part.

Voulez-vous savoir si vous êtes propre à devenir heureux à si bon marché : attendez encore quelques jours, et, lorsque le premier soleil de mai nous aura rendu le gazon des champs et les feuilles des arbres, allez au bord de quelque ruisseau chercher le repos et le frais. Là, si vous trouvez quelque volupté dans le bruit des arbres, dans le murmure des eaux, dans le cours rapide et merveilleux des nuages, tantôt sombres comme un dernier acte de mélodrame, tantôt brillants comme une robe de gaze, si la chèvre au sommet d'un roc, l'agneau bêlant et la grasse génisse enfoncée dans les herbes, si tout cet ensemble de campagne et de printemps a pour votre âme un langage, si vous ne pensez alors ni à vos affaires, ni à vos plaisirs, ni à vos créanciers, ni à vos débiteurs, ni à rien de ce qu'il y a dans le monde, si votre être est là tout entier, tout enivré de son existence, alors, mon frère, je vous félicite du fond de l'âme; vous êtes bien près d'être heureux d'un petit bonheur!

UNE NUIT

DANS ALEXANDRIE

Il y a de cela assez longtemps, je vivais en simple citoyen de colonie romaine, sans titre et sans revenu; et, malgré les événements déjà fort compliqués de ma vie, j'étais loin de me douter que je deviendrais un jour, d'abord *comte de Saint-Germain* dans une cour française, puis ensuite le *citoyen Germain* dans une république de vingt-quatre heures, et enfin *monsieur Germain* tout court, grâce à cette manie de bourgeoisie qui vous possède aujourd'hui.

Ainsi commença le narrateur.

A ces mots l'attention fut grande dans l'assemblée; le silence devint plus silencieux, et l'auditoire en suspens se trouva saisi d'un si grand étonnement que le comte s'arrêta tout court, tant il comprit que ce silence surnaturel équivalait à une interruption.

Et, de fait, n'était-ce pas merveille, pour une société de notre époque, tout occupée des intérêts de la politique moderne et tout entière à ces interminables dissertations qui ont remplacé dans nos salons la galanterie et la médisance, délicieux passe-temps de nos grand'mères, de se voir tout à coup interrompue par ce fameux comte de Saint-Germain, si remarqué à la cour de Louis XV, si fécond en vives saillies et en souvenirs imposants; qui, sans passé et sans avenir, spirituel et riche, deux grandes conditions de succès à cette cour, disparut un beau jour subitement, après avoir donné à la couronne ses deux plus beaux diamants et joué un rôle presque historique sous un règne où l'histoire ressemble au roman à faire peur? singulier et mystérieux personnage, avec une grave physionomie traversée de temps à autre par un sourire sardonique, et dans un âge tel qu'il aurait été impossible de dire s'il était jeune homme ou homme fait, tant il s'était maintenu ferme dans ce moment si fugitif de la vie, quand, arrivée à sa limite naturelle, la jeunesse vous dit adieu avec un air de pitié et de regret, et vous jette entre les bras inexorables d'une raison froide et plus correcte, mais aussi moins insouciante et moins heureuse sans contredit.

Le comte de Saint-Germain s'arrêta donc longtemps au milieu de sa phrase commencée, jusqu'à ce qu'il pût reprendre son récit. En même temps l'assemblée se rapprochait en silence; elle étudiait avec soin ce narrateur étrange: les dames cherchaient dans son costume propre et décent quelques vestiges des modes antiques; les hommes le regardaient, les uns avec défiance, les autres avec un niais et stupide sourire, quelques jeunes gens avec un intérêt réel et comme le seul vieillard qui fût assez vieux pour être au-dessus d'eux. C'était une curiosité comme celle d'un chat qui découvre un objet nouveau dans la maison de son maître.

Ainsi fit l'assemblée pour M. de Saint-Germain. Quand elle l'eut bien étudié dans tous les sens, bien examiné, bien flairé, elle s'en saisit entièrement, puis elle reprit son allure ordinaire. Le silence redescendit à son degré accoutumé, et le comte, redevenu un simple particulier, reprit naturellement son récit sans autre explication.

Vous qui êtes jeunes, même comme nation, nous dit-il, vous ne pouvez pas vous douter de la masse d'idées contraires et d'opinions opposées qui prennent cours dans les empires à des époques qui n'arrivent qu'une fois dans une destinée d'empire. Je veux parler de ces époques fatales de transition, quand un grand peuple, se détachant, sans s'en douter et malgré lui, de sa vie passée et de ses mœurs antiques, et de la politique qui fut sa vie, se sent livré tout à coup à mille destinées opposées, et se trouve forcé, en derniers recours, d'appeler le paradoxe pour occuper son inquiétude; car dans ces temps de révolution le vrai devient insupportable et insipide; on cherche le mieux pour ne pas s'arrêter au bien; on se jette dans l'absurde parce qu'on est arrivé aux limites du possible. Cet état de nation, qui ressemblerait à un cauchemar si le réveil n'était pas si terrible, vous autres Français vous l'avez déjà subi une fois, il n'y a pas longtemps. Vous vous êtes, il est vrai, tirés de ces vains prestiges avec un bonheur que je n'ai vu qu'à vous; mais cet épouvantable rêve, vous pouvez en croire l'expérience d'un homme qui a été le valet de chambre de Cromwel, je ne vous conseille pas de le recommencer.

Voilà l'état misérable dans lequel se trouvait le monde quand César, habile et clément continuateur de Sylla, eut appris une seconde fois au Capitole qu'il pouvait avoir un maître. La leçon profita surtout à trois hommes, à Auguste plus qu'aux deux autres : Auguste, Marc-Antoine et Lépide furent un instant les trois colonnes sur lesquelles reposait l'univers ; mais lorsque Lépide eut été jeté de côté aussi facilement que votre ancien maître Barras, dont la destinée fut la même, il arriva qu'entre Auguste et Antoine le débat fut long et disputé. Le monde se partagea entre ces deux maîtres, prêt à battre des mains au vainqueur ; et, comme à ce monde ainsi excité il fallait à toute force une occupation puissante qui pût remplacer cette préoccupation de liberté à laquelle il renonçait à jamais, on se rejeta de plus belle, d'abord dans les théories philosophiques, dans les doctrines du bien et du mal ; tantôt le spiritualisme, plus souvent la sensation ; aujourd'hui l'Académie, demain le Portique. Mais ces graves questions avaient été débattues dans la Grèce de Périclès ; elles avaient déjà assisté une fois à la décadence d'une grande république ; elles avaient été embellies par ce langage ingénieux et cadencé que Platon avait importé du ciel. Aussi fut-ce un vain effort quand l'oisiveté romaine voulut aller sur les brisées de l'oisiveté athénienne : elle se perdit dans ce dédale dont l'éloquence seule pouvait faire trouver les détours ; Cicéron lui-même les dénatura dans sa maison de *Tusculum*. En dernier résultat, loin d'avancer, la morale fit un pas rétrograde ; elle prit un masque, comme dans les histoires de Salluste. Ainsi, pour la vertu, elle s'en tint à la définition du dernier Brutus.

J'ignore, si l'esprit humain à cet instant n'eût pas eu d'autre débouché, à quels excès il se fût porté. Peut-être bien que, faute de mieux, Rome se fût mise encore à faire de la liberté, bien qu'à ce métier elle se fût fatiguée et perdue. Heureusement qu'elle se mit à faire de la politique, ce qui n'est pas la même chose. Alors mille recherches furent entreprises sur le génie des peuples, sur l'excellence des gouvernements, sur les meilleures lois possibles. C'est ainsi que mon ami Thomas Morus, malgré mes conseils et mes prières, écrivait l'*Oceana* sous le règne de Henri VIII, et se dépouillait de son habit de chancelier d'Angleterre pour marcher à l'échafaud. La politique était donc la principale occupation du monde romain pendant qu'Auguste et Antoine, tantôt unis, tantôt séparés, se battant l'un contre l'autre ou poursuivant ensemble Cnéius, le fils du grand Pompée, amis inséparables, ennemis jurés, réunis ensuite par l'hymen d'Octavie, la sœur d'Auguste, dont la touchante beauté et les vertus simples et modestes auraient dû enchaîner Antoine, méditaient chacun de son côté l'asservissement de l'univers.

Pour moi, insouciant voyageur dans ce monde ainsi divisé, et qui, par position comme par caractère, n'appartenais à aucun parti, j'avais cependant suivi Antoine en Orient, parce que l'Orient devait être le théâtre de ces grands débats. Jamais dans vos livres, jamais dans vos extases de jeunesse, jamais dans vos plus beaux jours de gloire, quand vos dômes étincelants et chargés de drapeaux resplendissaient sous les feux d'un soleil brillant comme le soleil d'Austerlitz et des Pyramides, vous n'avez vu, vous n'avez imaginé rien de beau comme l'Alexandrie de Cléopâtre. Figurez-vous toute l'Italie avec sa force, toute la Grèce avec ses formes riantes, tout l'Orient avec ses richesses, ce que la république a de grandeur, ce que la royauté a de grâce et de majesté, deux mondes confondus sur un seul point; à la tête du premier monde, Antoine, l'ami de César, son lieutenant dans ses conquêtes, accompagné de ses vieilles cohortes, géant au cœur de lion et au sourire de jeune homme; à la tête de l'autre monde Cléopâtre, entourée encore de l'amour de César, reine à la tête de jeune fille, aux blanches mains, à la démarche de déesse, montée sur un vaisseau d'ivoire et d'or aux cordages de soie et aux voiles de pourpre; des jardins et des palais suspendus au-dessus de ces deux puissances, et vous aurez une faible idée d'Alexandrie.

Pourtant dans cette ville même la politique nous avait suivis. Incurable maladie des nations oisives et fatiguées, la politique était partout, dans le palais du proconsul et sous la tente du soldat, en Orient et en Occident, à Alexandrie plus que partout ailleurs; car les Romains de la république se trouvant en présence d'une reine affable et pleine d'attraits, les sujets de Cléopâtre, au contraire, appelés à considérer de plus près la bonhomie guerrière d'Antoine, il se fit que chez les républicains survint un grand amour de monarchie, et que les sujets du trône furent envahis d'un grand désir de république. Cela ne prouvait qu'une chose, c'est que des deux côtés, reine ou empereur, chacun dissimulait, chacun se faisait meilleur que de coutume, ne fût-ce que par envie de plaire, car ni l'un ni l'autre n'avait besoin de descendre à flatter le peuple; chacun s'en souciait fort peu, j'imagine; et lorsque Cléopâtre souriait aux cohortes, elle souriait en effet à leur général; le général, de son côté, faisait sa cour à Cléopâtre en parlant aux sujets de la reine; empire ou autre chose, c'était toujours la même déception, ce qui n'empêchait pas, en théorie, que le principe ne restât pur et à l'abri de toute atteinte; il ne s'agissait que de savoir lequel devait prévaloir. A ce sujet je me pris de grande dispute avec un stoïcien du vieux système, philosophe tout imbu des doctrines sévères de son école. Il se nommait Scaurus; il était le frère d'un des partisans d'Antoine, mais sa conscience, qui lui défendait de fréquenter un courtisan, les avait séparés depuis longtemps. C'était, à tout prendre, un homme d'une pensée énergique et d'un beau langage. Cependant il est demeuré sans nom, parce qu'il est donné à peu de philosophes de se faire un nom durable. Il avait quatre-vingt-dix ans lorsque je lui fermai les yeux dans la délicieuse maison de Campanie que lui avait laissée son frère en mourant: cependant il me semble souvent que je le vois encore, enveloppé de son manteau, chargé d'une longue barbe noire, se promener à grands pas sous les portiques en récitant tout ce qu'il avait ajouté à la *République* de Platon, tout ce qu'il savait du même traité de Cicéron, que le temps a fait disparaître et que peut-être un jour je retrouverai dans mes papiers; sans compter qu'il avait toujours présentes les belles pages d'Aristote contre la tyrannie, et en particulier *contre ces hommes sortis de la classe des démagogues, forts de la confiance du peuple à force d'avoir calomnié les hommes puissants* [1]. Ainsi armé, et m'écrasant de l'exemple de Phidon à Argos, de Phalaris dans l'Ionie, de

---

1. Aristote, *De la Politique.*

Pisistrate à Athènes, de Denys à Syracuse, mon stoïcien sortait souvent vainqueur dans nos disputes de chaque jour; car pour moi, peu jaloux de m'appuyer d'exemples passés et de rappeler ces grandes monarchies si admirablement constituées qui avaient fourni à Alexandre le modèle de la sienne, je me retranchais dans la discussion du principe, dont je vous ferai grâce, parce que, tout grands politiques que vous êtes, je vous ennuierais mortellement.

Nous étions donc toujours en discussion, Scaurus et moi; et, comme j'avais apporté tout mon sang-froid dans cette dispute et que j'attendais avec patience quelque bon argument bien décisif en faveur de la royauté, je me repaissais à loisir des belles et grandes rêveries du philosophe. Cette belle imagination prenait toutes les formes, parcourait tous les sentiers, passait en revue toutes les opinions : tantôt, comme Bias, elle définissait la *république* un respect pour les lois égal à la terreur des tyrans; ou bien, comme Thalès, un nombre égal de riches et de pauvres; d'autres fois, avec Pittacus, elle appelait de tous ses vœux un État où les scélérats seraient exclus de la magistrature; enfin, avec Chilon, elle chassait les orateurs de la tribune pour ne laisser régner que la raison. Vous ne sauriez croire avec quel ravissement j'écoutais ces rêveries touchantes : car, autant les théories politiques sont à redouter parmi la foule ignorante et grossière, autant ces mêmes théories sont intéressantes dans la bouche d'un sage.

Une nuit où tout reposait, excepté nous et les sentinelles des deux camps, dont les lances au fer éblouissant renvoyaient au loin les pâles et doux rayons de la lune, nous nous promenions, mon philosophe et moi, dans les murs silencieux d'Alexandrie, sous ces portiques de marbre blanc, au milieu de ces fontaines qui ne se taisaient ni jour ni nuit, et comme dominés par le fleuve aux flots d'argent où se balançait mollement la galère de Cléopâtre. Nous nous taisions. Ce silence qui succédait à tant de tumulte n'était pas sans charmes ; et nous poursuivîmes notre route jusqu'à ce que nous fussions arrivés au palais de la reine. C'était un vaste et élégant édifice défendu de toutes parts, et appuyé sur cette même tour au sommet de laquelle Antoine fut enlevé, frappé d'un coup mortel. Tout était silencieux dans le palais ; pas une lumière qui indiquât un de ces festins somptueux dont chaque toast était annoncé à la ville par des fanfares comme s'il se fût agi d'un triomphe ; c'était une nuit de paix et de calme comme au temps de Ptolémée, une de ces nuits silencieuses comme si César, enveloppé dans l'ombre et se cachant à tous les regards par un dernier respect pour le sénat et le peuple romain, eût dû venir le soir même et sans bruit visiter cette voluptueuse reine d'Asie qu'il avait tant adorée !

Cette nuit sans orgie nous surprit quelque peu ; et nous étions encore à chercher en quels lieux se divertissait l'empereur, lorsqu'à l'angle du palais nous aperçûmes une petite porte qui s'ouvrit lentement. Bientôt après un esclave en sortit ; il referma la porte avec précaution, après quoi il se dirigea vers la ville. Il portait sur ses épaules un tapis de Perse d'un volume assez considérable, et roulé avec soin. Nous fûmes curieux de savoir à qui ce tapis pouvait s'adresser : peut-être était-ce un présent que la reine envoyait à quelque capitaine romain. Nous suivîmes donc, presque sans le vouloir, le tapis et l'esclave : ils entrèrent d'abord chez un devin célèbre par ses prédictions et son inflexible savoir.

« Vous verrez, dit Scaurus, qu'il s'agit de quelque enchantement, d'un philtre amoureux sans doute. »

Et il leva les épaules comme un homme qui ne croit ni aux astres ni à leur influence puissante.

Bientôt l'esclave et le tapis reparurent, et nous

les suivîmes toujours. Nous les vîmes entrer dans la tente d'Énobarbus. Énobarbus était l'intime ami d'Antoine, un glouton et jovial compagnon de ses guerres et de ses plaisirs.

« Par Jupiter! m'écriai-je, mes pressentiments ne m'auront pas trompé : c'est à Énobarbus que restera ce beau tapis. »

Mais le tapis et l'esclave reparurent quelque temps après, et ils se dirigèrent dans un quartier tout opposé, chez Mécène, le favori d'Auguste. Caché à Alexandrie, Mécène méditait en secret la ruine d'Antoine. Mécène n'était pas encore ce que je l'ai vu depuis, gros, gras et lourd, tout parfumé des odes louangeuses d'Horace et des apothéoses de Virgile : c'était alors tout simplement un diplomate à la main blanche, avec le bout de l'oreille déjà rouge, les lèvres roses, mais, du reste, d'un embonpoint très-décent, et qui, de nos jours, n'eût pas outre-passé les bornes d'un fauteuil de conseiller d'État.

« Je n'y comprends plus rien, dis-je tout bas à mon compagnon.

— Ni moi non plus, reprit-il. Ce sont de trop grands seigneurs pour conspirer par l'entremise d'un eunuque. Quant au tapis, à quoi peut-il servir? Je l'ignore, mais, foi de philosophe! je meurs d'envie de le savoir.

— Nous le saurons peut-être, lui répondis-je ; il ne s'agit que d'attendre. »

Nous attendîmes, en effet, beaucoup plus longtemps à la porte de Mécène qu'à celle d'Énobarbus. A la fin le tapis se montra de nouveau, et ce ne fut pas sans surprise qu'au détour du môle de Césarion nous le vîmes entrer, devinez où, à la caserne même des gardes prétoriennes. C'étaient d'anciennes troupes de César, les premiers vainqueurs de l'Égypte, les mêmes qui avaient imaginé de frapper au visage ses jeunes et beaux guerriers, et de les mettre plus sûrement en fuite que s'il ne se fût agi que de la mort. Nous fûmes sur le point de renoncer à la recherche de cette énigme. « A qui donc en veut cet esclave? que veut-il? où va-t-il? » La caserne le retint longtemps. Quand il en sortit, plusieurs soldats le suivirent jusque sur le seuil et baisèrent avec respect la pourpre tyrienne ; car à la clarté des flambeaux nous apercevions la couleur douteuse du mystérieux tapis.

« Vous m'avouerez, me disait tout bas mon stoïcien, que voilà un singulier messager ; généraux et soldats, la tente du diplomate et la simple caserne, tout lui convient; il se glisse partout avec la même sécurité... Et, si je ne me trompe, le voilà qui entre dans le palais d'Antoine aussi facilement qu'à Athènes j'entrerais à l'Académie. »

Et, en effet, au milieu de mille acclamations bruyantes, ce tapis fut introduit dans le palais. Le palais du général éclatait de mille feux. Échauffés par le vin, les convives, Africains ou Romains, esclaves parvenus ou nobles descendants de familles patriciennes, se livraient à cette gaieté bruyante qui plaisait si fort à l'empereur. Savant dans les voluptés de l'Asie, on avait vu Antoine donner une ville pour un bon plat de poisson, honorer son cuisinier à l'égal d'un homme de guerre; et même ce soir-là le festin était plus somptueux que jamais, car on parlait dans le public d'un défi entre Antoine et Cléopâtre, d'une lutte inouïe même entre ces deux puissances, d'un triomphe de volupté qu'il s'agissait de remporter. L'arrivée de l'esclave au tapis de pourpre fut donc brillante et animée; le banquet recommença de plus belle, les flambeaux jetèrent une clarté plus grande. Pour nous cependant, assis à la porte du palais, et sans nous communiquer nos émotions, nous nous livrions à mille pensers divers. L'âme de Scaurus était en souffrance; sa sévère indignation ne pouvait se contenir à la vue de ce Romain qui se jouait d'un monde et qui aurait donné le Capitole pour une nuit de volupté. Moi, au contraire, en homme qui a beaucoup vécu, je trouvais plaisante cette destinée de la vieille Rome qui venait aboutir, en dernier résultat, aux plaisirs d'un débauché et d'une reine adultère. En vérité, pour celui qui sait l'histoire, c'est une bien misérable chose que tous ces empires dont la chute vous blesse l'oreille. Il faut avoir de la pitié de reste pour s'apitoyer sur ces masses inertes qui s'écroulent dès qu'elles ne peuvent plus soutenir leur propre poids. Un royaume qui s'écroule, c'est un équilibre perdu, voilà tout. Cependant, pour l'homme qui doit survivre à cette grande chute, c'est un singulier plaisir de voir tomber un empire, et de comprendre combien ridiculement il tombe, et ensuite de le voir dominé, s'il est favorisé du ciel, par des barbares qui l'envahissent, ou, moins heureux, par quelques palmiers stériles du désert et des herbes rampantes, comme vous pouvez voir les ruines de Thèbes et de Memphis.

Cependant la nuit s'avançait, les étoiles jetaient un éclat moins vif, on entendait déjà le bruit naissant d'une grande ville qui s'éveille, le vent du matin circulait en sifflant dans les voiles du port; et nous allions nous retirer, quand la porte d'Antoine s'ouvrit encore une fois. Alors nous aperçûmes cette *troisième colonne de l'univers* recharger, en chancelant, sur les épaules de son esclave le tapis mystérieux. A ma grande surprise, je reconnus dans l'esclave Éros, bon et valeureux soldat, le même qui devait apprendre à son maître comment il fallait mourir. Il était facile de voir qu'Éros avait pris sa part du festin : son pas était mal assuré, et souvent il s'arrêtait comme pour retrouver sa route. Il allait ainsi tout hors de lui lorsqu'un incident étrange vint encore augmenter son trouble. Nous étions encore en présence du palais d'Antoine; l'empereur, entouré de ses courtisans et chargé comme eux de la couronne de lierre des banquets, respirait machinalement l'air frais du matin, tout étonné de voir se lever l'aurore autrement qu'à la tête d'une armée. Ce fut alors qu'une musique qui n'était pas de la terre se fit entendre : c'étaient des sons doux et tristes dont la monotonie n'était pas sans charmes, et qui n'avaient rien d'humain. A ce bruit les Romains ôtèrent leurs couronnes; Éros s'arrêta tout court.

« Les dieux s'en vont, dit-il; Bacchus nous abandonne : mon maître est mort ! »

En même temps de grandes larmes roulaient dans ses yeux. En vérité Éros était un bon esclave, et dans un marché on l'eût payé bien cher. Je m'approchai de lui.

« Salut au seigneur Éros, lui dis-je; que les Heures aux doigts de roses et toutes les divinités du matin lui soient propices !... Mais il me paraît, Éros, que vous menez une vie bien pénible : comment se fait-il qu'à cette heure, et après les libations de la nuit, vous n'êtes pas étendu tout du long dans le *triclinium* de votre maître, entre ses deux molosses bretons, et serrant dans vos bras quelque bonne esclave sicilienne qu'il vous aura donnée dans un moment de belle humeur?

— Par Hercule! c'est bien parler, mon maître! reprit Éros: m'est avis que je travaille comme un consul, tandis que je devrais être heureux comme un grand prêtre. »

Puis, élevant les yeux vers son tapis avec un air langoureux et sentimental qu'il avait puisé dans une vieille amphore de vin de Chypre:

« Joli fardeau! disait-il. Que ne suis-je le Grec Anacréon! je te ferais une petite chanson de dix syllabes, toi qui es l'arbre sous lequel repose mon maître dans les grandes chaleurs de l'été, comme Bathylle pour le vieillard de Cos!

— Quel est donc cet arbuste que tu portes? » reprit l'impatient Scaurus.

Éros reprit en chantant sur un air de courtisane:

Un joli arbre, sur ma foi: ses fleurs sont des perles blanches,
Ses feuilles sont d'or comme la fleur de saule.
Trop heureux qui peut serrer ce jeune tronc dans les deux mains!
Trop heureux qui peut embrasser ses racines!

« Je vous demande pardon, Mesdames, dit le comte en s'arrêtant: j'ai honte moi-même de ces vers blancs, qui me feront prendre pour une traduction de Shakespeare ; mais vous m'excuserez si vous songez sous combien de révolutions poétiques il m'a fallu courber la tête. Enfant, j'ai commencé par scander les vers de Sophocle et d'Homère ; homme fait, je me suis occupé de l'alexandrin de Virgile et des vers saphiques d'Horace ; sous le grand poëte Ronsard, je me souviens d'avoir été un des meilleurs poétiseurs français. A présent votre mode poétique est trop variable pour que je puisse m'y soumettre. Pardonnez-moi donc mes vers blancs, s'il vous plaît... Pardon, encore, je ne sais plus où j'en étais de mon récit.

— Vous en étiez à l'esclave, reprit vivement un tout jeune enfant qui avait l'air de dormir sur les genoux de sa mère.

— Et le chanteur chancelait de plus belle tout en riant.

— Si tu voulais me confier ton fardeau, Éros, lui dis-je, je le porterais bien à ta place.

— C'est un pesant fardeau, disait Éros, que de porter la Cilicie, la Cappadoce, le Pont-Euxin, je ne sais combien de villes nombreuses...

— Mais je suis aussi fort que toi, Éros, ce me semble, et si tu portes tout cela, je pourrai bien le porter moi-même.

— Aussi fort que moi? disait Éros; impossible!

tu es un homme libre, et j'ai sur toi l'avantage d'être un esclave. »

Et il poursuivait sa pensée tout en se parlant à soi-même :

« Un bon esclave est le maître de son maître. Si son maître est le maître du monde, il est, lui aussi, le maître du monde; si la fortune sourit à son maître, il a la plus grande part de ce sourire; et quand la beauté se rend à son maître, il a encore le droit de s'en féliciter... Voilà bien la peine d'être libre! reprit-il après un instant de silence. Tout homme libre que tu es, si tu laissais tomber ce fardeau, tu serais mort : il y aurait un tremblement de terre au premier choc, et l'abîme s'ouvrirait pour te dévorer comme Curtius. De ce fardeau il n'y a que moi qui ai le droit de me jouer; moi seul je pourrais le laisser tomber sans mourir, parce que je suis l'esclave d'Antoine. Aussi est-ce pitié lorsque, dans l'antichambre de mon seigneur, je rencontre des rois timides et tremblants. Ils se lèvent à mon aspect, et, saisissant leur couronne des deux mains : « Salut, disent-ils, salut au seigneur « Éros ! vive à jamais le clément Éros !... » Et ils sont heureux de me prendre la main, parce qu'ils savent que souvent de cette main un sceptre peut tomber. »

Ainsi parlait Éros. Au son emphatique de sa voix

on voyait qu'il était convaincu de sa dignité d'esclave et de sa supériorité sur les hommes libres. En même temps, et comme pour mieux la prouver, il jouait avec son redoutable fardeau comme un enfant jouerait avec un hochet, le changeant d'épaule à chaque instant; après quoi, tout fier de son audace, il me regardait fixement comme pour me défier d'en faire autant.

« Donne-moi ton fardeau, mon cher Éros, repris-je encore une fois : tu dois être bien fatigué de l'avoir porté toute cette nuit! »

Il me le céda sans mot dire, mais en le chargeant sur mon épaule il avait je ne sais quel sourire sardonique qui n'annonçait rien de bon.

« Puisque tu veux à toute force mon fardeau, le voici. Imprudent! que dirais-tu si ce tapis devenait tout à coup une jeune lionne prête à te dévorer? Ce tapis est comme un rosier de l'Égypte : ne remuez pas sa jolie tête rose et parfumée, vous en verriez sortir un aspic au noir venin. Rends-moi, homme libre, rends-moi mon fardeau, car ta liberté te sera un méchant bouclier à l'instant du danger. »

Cependant j'étais décidé à voir la fin de cette singulière aventure; je ne voulais pas, par une vaine terreur, perdre le fruit d'une nuit d'attente; et, malgré les sinistres prédictions d'Éros, je marchais toujours à ses côtés. D'ailleurs mon fardeau n'était pas sans charmes : c'était un poids léger et inoffensif, quelque chose d'inanimé, mais, autant que je pouvais le comprendre, avec des formes charmantes et cette douce et pénétrante chaleur qui donnerait des forces au plus faible. Nous repassâmes devant la caserne.

« Est-ce là qu'il faut entrer? demandai-je à Éros.

— Par Apollon! disait Éros, pas à présent : il fait trop jour, tu ferais reculer le soleil ! »

En effet, le jour était arrivé, et quand nous fûmes en présence du palais de la reine, nous pûmes le voir distinctement, enveloppé de la blanche lumière du matin comme un cadavre dans un linceul. Arrivés près de la porte, Éros se retourna vers nous.

« Il en est temps encore, nous dit-il : rendez-moi mon fardeau, et vous êtes sauvés.

— Nous entrerons, Éros, reprit le brave Scaurus, et nous verrons si tu es assez esclave pour avoir le droit de sauver des hommes libres. »

Nous entrâmes en effet. Nous étions seuls. Le vestibule était de marbre; une savante mosaïque déroulait à nos pieds mille peintures riantes, et le plafond doré était éclairé par les restes mourants d'une lampe à quatre becs, suspendue à une longue chaîne de bronze. Déjà nous frappions à une seconde porte quand Éros eut pitié de nous.

« Imprudents! nous dit-il, n'allez pas plus loin! vous tomberiez parmi les gardes de la reine et sous les flèches de ses archers. Il ne tiendrait qu'à moi de vous punir de m'avoir espionné toute une nuit; mais mon noble maître Marc-Antoine m'a appris qu'il était doux de pardonner... Écoute, me dit-il d'un ton solennel de commandement, mets à terre ce tapis, déroule-le doucement, et tu comprendras, malheureux, à quels périls tu t'exposais! »

J'obéis, je plaçai mon fardeau par terre, et, prenant par les deux mains l'extrémité de la pourpre tyrienne, d'abord j'aperçus une lueur fugitive, quelque chose de blanc qui se cachait sous ces plis de pourpre, jusqu'à ce qu'enfin, à l'extrémité même du tapis, je découvris, le dirai-je? Cléopâtre elle-même, la reine d'Alexandrie, la maîtresse d'Antoine, endormie et plongée dans une ivresse léthargique!

Vous ne seriez guère avancés si, à ce propos, j'avais besoin de vous prémunir contre tous les mensonges de l'histoire. On en a fait beaucoup sur Cléopâtre; et même ceux d'entre vous qui se souviennent de l'avoir vue sur nos théâtres, sous les traits imposants et sous la taille majestueuse d'une tragédienne célèbre, n'en auraient qu'une très-fausse idée. Cléopâtre ne ressemblait en rien à Mlle Georges : elle n'avait ni les beaux traits de son visage, ni cet imposant ensemble, ni cette voix sonore et pure. Vive et pétulante comme une jeune panthère, quatre pieds au plus, la peau légèrement brunie, une voix aigre et colère, un visage d'enfant dédaigneux et boudeur, telle était la reine. Il faut l'avoir vue comme moi pour se la figurer parcourant les rues de la capitale enveloppée dans un tapis.

Toutefois ce fut un étrange spectacle, pour nous surtout qui n'avions aperçu cette grande puissance de l'Orient qu'à travers les pompes de la cour et les apprêts minutieux de sa coquetterie de femme, de la voir étendue à nos pieds, ivre-morte et dans un désordre si complet que vous l'eussiez prise pour une bacchante dans un jour d'orgie, oubliée par les satyres au coin d'un bois. Elle était là, immobile, pâle comme la lumière qui frappait sur son pâle visage; ses cheveux étaient en désordre, elle était à peine vêtue; et il eût été difficile de reconnaître, à ces yeux égarés, à cette bouche entr'ouverte, l'ancienne amante de César, la jeune et belle reine de l'Orient; d'autant plus qu'avant cette ivresse nous nous souvenions d'une manière invincible de ses visites multipliées autre part qu'au palais d'Antoine. Voilà l'affligeant spectacle qui frappa nos regards. Pour moi, j'en fus consterné. Je me suis toujours senti un faible pour le pouvoir dans les mains des femmes; et quand la loi salique fut promulguée, je fus chassé du conseil des vieux barons pour m'y être opposé trop vivement. Éros jouissait de ma consternation, il l'attribuait à la peur.

Il n'en était pas ainsi de mon compagnon : perdu toute la nuit dans ses belles rêveries de grandeur et de majesté populaires, il venait de trouver tout à coup un terrible argument en faveur de son amour pour la république.

« Vois-tu, me dit-il en s'approchant près de la reine étendue, vois-tu ce corps inanimé, cette âme anéantie, ce gracieux sourire effrayant par son immobilité? vois-tu cette ivresse profonde? vois-tu ces traces hideuses d'une débauche nocturne? Tout ceci ce n'est pourtant pas de la royauté ! »

Sans répondre à cet accent terrible, je me mis à baisser la toge de la reine, et à l'arranger elle-même dans une position plus décente; je réparai de mon mieux le désordre de sa toilette. Il était complet; et même ce ne fut pas sans pâlir que je remarquai que, dans le vagabondage de sa nuit, la reine avait perdu une des perles qu'elle portait à ses oreilles aux grands jours. En effet l'oreille droite était nue, tandis qu'à l'autre oreille était encore suspendue la seconde merveille de l'Orient. La reine tenait dans ses mains une large pancarte : il s'agissait de plusieurs royaumes que lui avait donnés Antoine pendant la nuit. Je m'emparai à mon tour de cet argument sans réplique.

« Cet homme qui paye les faveurs d'une femme avec des villes et des populations entières, cet amant fougueux qui donne à sa maîtresse des milliers d'hommes pour un baiser, ce terrible empereur qui joue la vie et les destinées de Rome sur un sourire, cet époux de la jeune et timide Octavie qui vit en plein jour avec une prostituée, cet homme dont les esclaves sont salués à genoux par les rois, voilà pourtant la république que tu nous vantes à tout propos, Scaurus ! Oserais-tu la préférer à la royauté ? »

Ici se termina notre dispute. Éros, dont l'ivresse se dissipait peu à peu, comprit enfin son imprudence. Il replia la reine dans son manteau, nous fit sortir en toute hâte du palais, referma la porte sur nous, et tout finit.

« Voilà, Mesdames, comment se termina cette discussion politique. Elle eut le sort de toutes les questions qui s'agitent dans le monde, quand, après bien des explications, bien des clameurs, bien des sophismes, et quelquefois de grosses et interminables injures, chacun reste obstinément dans son opinion; misérable et triste penchant de notre espèce, qui des choses humaines n'aperçoit jamais qu'un côté. »

Ainsi parla le vénérable comte de Saint-Germain. Vous pouvez juger, d'après cette narration effacée et incomplète, s'il y eut de l'intérêt dans son récit. Toutefois, arrivé à la fin de cette longue narration, il s'aperçut, à son grand étonnement, que l'assemblée n'était pas entièrement satisfaite, qu'il lui manquait une explication à quelque chose, et que de cette explication dépendait son parfait contentement. Le comte avait beau chercher ce qu'il avait oublié : sa vieille habitude de conteur aurait échoué si une jeune femme de l'assemblée ne fût venue le tirer d'embarras. C'est une chose charmante qu'une femme qui vous interroge : une fois qu'elle a surmonté sa timidité naturelle, son corps se dresse, son œil devient plus vif, son sourire plus attrayant, et vous voyez à son regard que si elle vous fait une question, c'est malgré elle, et comme vaincue dans ce combat de curiosité.

« Pardon, Monsieur, dit-elle au comte en rougissant, nous voudrions bien savoir, moi et ces dames, ce que devint la belle perle que perdit Cléopâtre dans cette nuit d'horreur. »

A cette question inattendue, le comte de Saint-

Germain fut atterré : ce grand débat de la monarchie et de la république, devenant tout à coup une question de coquetterie, lui fit juger que notre siècle n'était pas aussi grave qu'il l'avait cru d'abord.

« Vous avez raison, Madame, reprit-il : c'est un grand oubli dans mon histoire. Cette nuit même, comme je l'ai dit, Cléopâtre avait défié toute la pompe des festins de Marc-Antoine, et elle était sortie triomphante du défi : cette belle perle, qui valait trois royaumes, elle l'avait fait fondre dans du vinaigre, elle l'avait avalée d'un seul trait. »

A ces mots un grand tumulte s'éleva dans l'assemblée. De cette orgie royale on avait presque tout compris, même, en détournant les regards, la visite à Mécène et la visite aux gardes prétoriennes, la visite à Antoine surtout, et cette lente et mystérieuse promenade sur les épaules d'un esclave; mais arrivées à ce simple fait de la plus belle perle du monde sacrifiée sans remords à une vanité purement gastronomique, il n'y eut pas une femme, pas une jeune fille qui pût contenir son indignation contre un pareil despotisme; même peu s'en fallut qu'en dépit de l'espèce d'instinct qui plaide dans le cœur des femmes en faveur de la royauté et de cette majesté vivante qui jette sur notre histoire un si brillant et glorieux reflet, elles ne fussent sur le point de voter pour la république, tant il y avait d'indignation dans leur cœur.

A cet emportement inattendu le comte de Saint-Germain fut hors de lui-même. Sans doute qu'il fut un peu chagrin de voir se réduire à si peu cette grande dissertation politique sur un texte dont on s'occupe depuis le commencement du monde sans résultat.

Son étonnement était d'autant plus grand que le digne homme n'attribuait cette grande colère des dames à propos de la perle de Cléopâtre qu'à leur répugnance pour le vinaigre avalé tout pur. Son imagination n'allait pas au delà.

Mais c'est qu'à force de vivre et de traverser les cours, le comte était devenu bonhomme, et qu'enfin il commençait peut-être à radoter, comme vous avez pu vous en apercevoir.

DE L'INFLUENCE
DE LA PLUME DE FER
EN LITTÉRATURE

Nous étions l'autre soir fort occupés, au coin du feu, à ne rien faire, et, qui plus est, à ne songer à rien. Chacun de nous avait fini sa journée et se reposait des mesquines agitations de ces quatre ou cinq heures de chaque jour, qu'on appelle *la vie*. A force de ne songer à rien nous en vînmes à traiter sérieusement plusieurs questions sérieuses; et, si l'un de nous écrivait ses *Tusculanes*, nul doute qu'il n'eût écrit d'un bout à l'autre toute notre conversation ce soir-là. Tout d'un coup l'un de nous, dont le nom n'a rien de fantastique, qui ne s'appelle ni Frantz ni Puzzi (il s'appelle Thomas), saisissant du pouce et de l'index un fragile morceau de métal taillé qui brillait devant l'âtre comme une épingle noire tombée des cheveux de quelque belle fille italienne :

« Pardieu ! s'écria-t-il, la belle trouvaille que j'ai faite ! Je croyais que c'était quelque chose : ce n'est qu'une plume, et une plume de fer encore ! Qui de vous veut ma trouvaille pour une prise de tabac ? »

Ferdinand, qui est le cousin germain de Thomas, se mit à lui réciter d'un air goguenard les six vers qu'on a décorés du nom pompeux de *fable de La Fontaine* :

> Un ignorant rencontra
> Un manuscrit, qu'il porta
> Chez son voisin le libraire.
> — Je crois, dit-il, qu'il est bon,
> Mais le moindre ducaton
> Ferait bien mieux mon affaire.

« Et c'est toi qui es le coq de cette plume, mon pauvre Thomas, ajouta Ferdinand. La plume c'est comme la langue dans Ésope.

— C'est ce qu'il y a de meilleur et de plus mauvais, reprit Thomas.

— Qui soulève les passions, dit Ferdinand.

— Qui calme les passions ! s'écria Thomas.

— Et si vous allez toujours ainsi, répliqua Honoré, nous allons avoir la plus belle kyrielle de lieux communs qui aient été débités depuis qu'on écrit des fables.

— Ferdinand est toujours beaucoup trop pressé d'avoir des idées, reprit Thomas. Il vient de m'arrêter, et c'est tant pis pour vous, dans la plus belle série d'imprécations toutes nouvelles qui jamais aient eu envie de sortir du crâne d'un homme. Mais, c'en est fait, me voilà apaisé, et, s'il vous plaît, nous retournerons aux lieux communs, pour ce soir. Je laisse donc la parole à mon cher et féal cousin Ferdinand, et à vous tous, ses dignes collaborateurs. »

Ainsi parla ce digne Thomas. Thomas est une de ces imaginations paresseuses qui ne se mettent en frais d'esprit et d'invention que dans des circonstances extraordinaires, lesquelles circonstances il faut saisir en toute hâte si l'on veut en profiter. Penser est pour lui une fatigue presque aussi grande que parler; il ne comprend guère qu'on écrive autre chose que ces mots tous les trois mois : « J'ai reçu de M*** trois cent quatre-vingt-dix francs (il y avait cinquante centimes; mais il les a retranchés, attendu que c'était trop long, et que l'argent ne valait pas les mots à écrire), pour ma rente de, etc. » A aucun prix vous ne lui feriez écrire un mot de plus; et encore se plaint-il qu'un honnête homme ne puisse pas toucher sa rente sans coucher son nom sur un papier. Il y avait donc tout à parier que Thomas, ainsi dérangé par son cousin dans une idée subite, allait laisser tomber impitoyablement un magnifique sujet de disputes, de controverses et d'argumentations.

Mais ce n'était pas là notre compte; et, pour forcer Thomas à rentrer dans l'idée dont il était sorti, nous prîmes soin de garder le silence. Si nous lui avions dit : Allons, frère, dis-nous ton idée, il n'aurait pas soufflé mot de huit jours; mais, nous voyant aussi peu animés à l'entendre que s'il se fût agi d'un long discours politique sur le sucre indigène, il reprit soudain la parole pour ne pas la quitter de sitôt.

« Oui, dit-il (et notez bien qu'il tenait toujours dans la main cette plume de fer), voilà, Messieurs, la cause finale de tous les maux qui accablent de nos jours la société tout entière. Il y a dans je ne sais quel poëte une éloquente imprécation contre le premier qui aiguisa le fer et qui fit une épée de cette masse inerte, *ferreus ille fuit qui*, etc.; mais, par le ciel! maudit soit, et cent fois plus maudit, le premier qui fit du fer une plume! Celui qui a fabriqué la première épée n'a tué, à tout prendre, que des corps : celui qui a fabriqué la plume de fer a tué l'âme, il a tué la pensée; vil scélérat, il a armé l'espèce humaine d'un stylet plus formidable que tous les poignards empoisonnés de feu l'Espagne! Mais cependant ne vous attendez pas à ce que je vous fasse à ce sujet une sortie en *quousque tandem;* j'ai la prétention de vous parler aussi niaisement que Ferdinand récitant sa fable :

> Un ignorant rencontra
> Un manuscrit, qu'il porta...

Je suis sûr que c'est la seule fable que Ferdinand sache par cœur. »

Après ce bel exorde, Thomas rentra dans son calme habituel; et, sans déclamer, il se livra à une piquante dissertation littéraire que je voudrais, mais en vain, reproduire en entier.

« Il suffit, nous dit-il, de comparer entre elles la plume de fer, dont on se sert de nos jours, et la bienveillante plume d'oie, dont se servaient nos bons et spirituels aïeux. La plume de fer, cette invention toute moderne, vous jette tout d'un coup une impression désagréable : cela ressemble, à s'y méprendre, à un petit poignard imperceptible trempé dans le venin; son bec est effilé comme une épée, il a deux tranchants comme la langue du calomniateur. En jouant de ce petit stylet vous voyez un œil incessamment ouvert comme l'œil du Cyclope, et quand la plume marche sous votre main, ce petit œil s'ouvre et se referme comme fait l'œil d'un espion. A ce petit fer qui blesse le doigt qui le touche vous ajoutez un manche, un morceau de bois tout sec et tout nu, difforme, et dont le contact vous blesse la joue, pendant que vos trois doigts sont cruellement meurtris à force de presser ce fer qui crie et qui crache tout autour de votre pensée. Ainsi dans la plume de fer (*plume* et *fer!* il faut déjà faire hurler deux mots de notre langue pour parler de cette affreuse machine!) tout est rude, triste, sévère, froid au regard, froid à la main. Ainsi armé il vous semble impossible que vous puissiez accomplir quelque chose de grand, de noble, de généreux, d'humain. Pour ma part, écrire une chose honnête avec ces horribles morceaux de fer, ou boire un honnête et frétillant vin de Champagne dans la coupe des Borgia, ce serait la même tâche, c'est-à-dire une tâche impossible; et je vous crois de trop honnêtes gens pour douter un seul instant que vous soyez de mon avis.

« Mais la plume d'oie, au contraire, voilà une facile, bienveillante et bien-aimée confidente de nos pensées les plus chères! Rien qu'à la voir je me sens réjou jusqu'au fond de l'âme. Cette plume, c'est en effet le duvet sur lequel se joue la pensée qui vient de naître, comme l'enfant s'agite dans son berceau. Ce n'est plus là un triste métal, longtemps enfoui dans la terre, passé au feu, passé à l'eau, passé à l'enclume, torturé dans tous les sens, jusqu'à ce qu'enfin il rende au monde tortures pour tortures; mais, au contraire, cette plume, qui va nous servir à donner du corps à nos pensées, une figure à notre parole, elle s'associe à mille heureux et bienveillants souvenirs : avant d'en faire notre heureuse et fidèle confidente, nous l'avons vue se jouer mollement sur l'onde ou se sécher au soleil, brillante de mille perles; cette plume, elle est la cousine germaine et chantante du fin duvet sur lequel nous reposons notre tête le soir; cette plume a été l'honneur de notre amie domestique; l'animal qui la porta nous a servis comme un chien fidèle : il nous a donné ses petits et ses œufs; il a mangé notre pain, il a été notre domestique dévoué et fidèle; il a défendu nos dieux paternels comme autrefois il défendit le Capitole. Et ensuite quelle différence dans le double aspect de ces deux instruments de la pensée, qui portent à tort le même nom! La plume de fer est horrible à voir; lourde et froide à porter, elle résiste à la main qui la mène; elle est comme un cheval sans bouche, ni éperons, qui vous emporte partout où il lui plaît d'aller. La plume d'oie est blanche, et nette, et légère; son tuyau flexible frémit de plaisir entre les doigts qu'elle anime, son duvet caresse légèrement la joue, son bec docile se prête à toutes les combinaisons du style; elle va doucement à son but, sans bruit, sans efforts, sans aucun de ces affreux crachements et de ces bruits aigus de la plume de fer. A travers ce limpide canal il vous semble que vous voyez vos idées descendre lentement et en bon ordre, l'une après l'autre, comme elles tombent en effet d'une tête bien faite. La plume de fer, au contraire, elle est morne, elle est vide, elle est obscure; elle a un œil pour tout voir, mais ce qui se passe dans ses entrailles nul ne le sait; elle n'a pas d'entrailles! Elle brise, elle déchire, elle est violente, elle écume, elle fait peur!

« Voilà pour la description physique des deux rivales. Quant aux considérations physiologiques de mon sujet, elles sont sans nombre. Le moindre inconvénient de la plume de fer c'est d'être toujours et à chaque instant toute prête à écrire sur toutes sortes de sujets. Vous ne prenez pas la plume de fer: c'est elle qui vous prend. Elle vous tient par la bride, et il faut marcher avec elle; il faut aller, il faut courir à droite et à gauche, çà et là, par monts et par vaux; sauve qui peut! Elle est impitoyable; c'est la machine à vapeur de la pensée.

Elle jette autour d'elle plus d'encre que d'idées, plus de fumée que de feu. Point de retard, point de repos, pas un moment de réflexion ; vous êtes l'âme damnée de la plume de fer. Allez donc, allez toujours ! elle commande, il faut obéir. A mesure que votre main se fatigue et s'irrite à tenir cet affreux stylet de brigandage, votre esprit obéit malgré lui à votre main : il s'irrite des difficultés, il s'emporte sans savoir où il va. Se voyant entraîné ainsi, il est à la fois plus irréfléchi et plus impitoyable; rien ne l'arrête et rien ne lui fait peur une fois entraîné, perdu, égaré dans ce tourbillon d'encre, de ténèbres et de nuages. Vous demandez pourquoi tel homme, d'un esprit doux et sémillant, est terrible et sans pitié la plume à la main? Rien n'est plus simple : cet homme écrit avec une plume de fer ! pourquoi celui-là, dont la parole est abondante et cadencée, est brusque et impoli dans son style? cet homme écrit avec une plume de fer ! pourquoi celui-là, qui est sage, calme, sans passions, renverse et brise dans ses livres l'autel et le trône? il écrit avec une plume de fer ! pourquoi ce bonhomme, qui autrefois s'amusait à pêcher à la ligne, se plaît aujourd'hui dans d'obscures et ignobles calomnies qui n'amusent personne et qui lui font horreur et dégoût à lui-même quand il les a écrites ? croyez-moi c'est l'influence de la plume de fer. Vous parlez de la poudre à canon, du feu grégeois, des chartes constitutionnelles : misère comparée à la plume de fer !

« Mais la plume d'oie ! la plume d'oie, au contraire, c'est la plume qui enfante les chefs-d'œuvre; nous lui devons les plus beaux livres qui aient honoré l'esprit humain et la langue française, elle est la mère de toute sage réflexion. Grâce à elle, les hommes d'autrefois (et certes on ne dira pas que ceux-là ne savaient pas écrire) étaient forcés d'écrire leur pensée avec une sage lenteur; et ces lenteurs, c'était autant de gagné pour la noblesse du vers, pour l'élégance de la prose, pour la beauté limpide du style. La plume d'oie, loin d'être toujours toute prête et toute taillée comme la plume de fer, exige au contraire mille petites préparations qui vous donnent le temps, à l'insu même de votre esprit, de réfléchir à ce que vous allez dire. D'abord il faut la tailler de vos mains, et c'est là un moment solennel de votre travail : tout en aiguisant le bec de votre plume, votre pensée s'aiguise elle-même; vous allez chercher l'idée dans le fond de votre cerveau tout comme vous allez chercher la moelle de votre plume. Quand votre plume est taillée, il vous la faut essayer avant de vous mettre à l'ouvrage, et c'est comme un petit délai dont votre pensée profite : si votre idée n'est pas bien nette encore, si vous n'êtes pas encore très-sûr de ce que vous allez dire, si votre discours n'est pas nettement dessiné dans votre esprit, si vous ne voyez pas d'un coup d'œil ce qui est la première condition de l'écrivain, le commencement, le milieu et la fin de votre œuvre, alors, ma foi ! et sans vous chagriner vous-même, en avouant à vous-même que vous n'êtes pas prêt encore, vous donnez encore un petit coup à votre plume. Cependant l'idée arrive enfin, nette, claire, précise, heureuse, et avec l'idée arrive l'expression. D'abord vous avez écrit lentement : vous essayez votre plume; puis bientôt, comme un cheval bien ménagé, la plume marche plus vite; elle est souple, docile, fidèle; elle obéit à la main, ou plutôt à l'esprit qui la dirige; un léger zéphyr, présage heureux, enfle la voile gracieusement courbée; vous voilà en plein air, en plein soleil, marchant sans courir dans une belle plaine sablée, allant à votre but, tantôt avec la rapidité de la flèche, tantôt par mille heureux et ingénieux détours; car, vous le savez, pour aller au cœur de l'homme la ligne droite n'est pas toujours le chemin le plus court. Cependant l'idée vient-elle à manquer, le besoin du repos vient-il à se faire sentir : la plume intelligente s'arrête d'elle-même. Vous profitez de cette douce halte pour jeter un coup d'œil en arrière; vos pensées, à peine écloses, se déroulent devant vous dans tout leur éclat printanier; après quoi vous reprenez votre course, plus reposé et plus inspiré que jamais. Vive la plume d'oie! à bas la plume de fer!

« D'autant plus que voici une raison sans réplique. Comparez, je vous en prie, les chefs-d'œuvre écrits avec le fer aux chefs-d'œuvre écrits avec la plume. Quelle différence, grand Dieu! entre ces deux procédés, et quel immense abîme les sépare! La plume d'oie, ou plutôt la plume de cygne, vous a donné tous les chefs-d'œuvre du grand siècle, œuvres du goût, de la raison, du bon sens et de l'esprit français. Ces nobles œuvres méditées à loisir, qui vivront éternellement et à l'éternel honneur de l'esprit humain, l'*Art poétique* de Despréaux, les tragédies de Racine, les chapitres de La Bruyère, les comédies de Molière, les *Fables* de La Fontaine, à quelle plume les devons-nous? Croyez-vous que les grands génies du grand siècle, si attentifs sur eux-mêmes, se seraient fort accommodés de cette furie sans frein qu'on appelle *la plume de fer?* Ils avaient la main trop légère et l'esprit trop posé. Pascal lui-même et Bossuet, ces génies sévères, ces terribles chrétiens, auraient eu peur de se servir de cette arme acérée; car dans Pascal et dans Bossuet vous trouvez souvent, de temps à autre, telle phrase partie du cœur que jamais la plume de fer n'aurait écrite. — *Elle florissait, avec quelle grâce, vous le savez, messieurs,* et toute cette touchante peinture d'Henriette d'Angleterre, quelle plume l'a donc écrite? Car la plume des grands écrivains sait, au besoin, être énergique et forte; mais la plume de fer, elle ignore la grâce, elle ignore ces mille charmes si touchants auxquels elle ne saurait se plier; elle procède par sauts et par soubresauts que nul ne saurait expliquer. Savez-vous quelles sont les œuvres de chaque jour? Frémissez! C'est la plume de fer qui écrit ces longs articles de journaux politiques qui ont endurci les esprits et le cœur de la nation la plus policée et la plus éclairée de l'Europe; c'est la plume de fer qui jette chaque matin en pâture aux oisifs tant de calomnies déshonorantes pour une nation comme la nôtre; c'est la plume de fer qui a remis en lumière les sanglantes théories de 93, évangile de cannibales auquel la plume de fer a ajouté des notes et des titres de chapitres; c'est la plume de fer qui s'est chargée de réhabiliter dans l'art le laid et le difforme, c'est elle qui a écrit ces magnifiques théories littéraires où il est démontré que la courtisane et le forçat sont désormais les seuls héros du poëte, et qu'il n'y a dans les arts que les guenilles, la lèpre, les pustules et les ruines de tous genres.

Avec quelle plume pensez-vous que nos grands génies modernes aient écrit ces affreux mélodrames où les cadavres sont entassés sur les adultères, où le cercueil suit de près le poison et le poignard, où toutes les passions difformes s'agitent indignement en hurlant d'horribles paroles empruntées à l'argot du bagne et de l'enfer? C'est la plume de fer qui a écrit tous ces drames. Elle est la plume chérie de l'usurier qui dépouille un pauvre jeune homme amoureux, du faussaire qui vole tout l'avenir d'une famille, du juge impitoyable qui signe un arrêt de mort, de la coquette sans cœur qui griffonne, en souriant, les cent mille petits prétextes d'une vertu qu'elle n'a pas. La plume de fer, c'est la honte, c'est le déshonneur, c'est le fléau des sociétés modernes. Enfin, je vous le dis, le monde ne mourra ni par la vapeur, ni par le gaz hydrogène, ni par les ballons, ni par les chartes constitutionnelles, ni par les chemins de fer; le monde mourra par la plume de fer!

« Je sais bien quelles objections pourront me faire quelques esprits à demi savants en faveur de cet horrible stylet sans âme et sans cœur. — La plume de fer, diront-ils, descend en ligne directe du stylet antique: *Sæpe stylum vertas.* — Mais quelle mauvaise et fallacieuse défense! Le stylet antique traçait les lettres romaines sur un enduit de cire qui en amortissait singulièrement la furie : la plume de fer ne trouve en son chemin pas un obstacle ; le stylet antique, obligé de se frayer la route dans cette couche de cire, allait péniblement au pas : la plume de fer va au galop ; le stylet antique gravait à grand'peine quelques lignes, qu'il était toujours facile d'effacer en retournant contre les lignes écrites l'autre bout de la plume : la plume de fer grave sur le papier comme on graverait sur le cuivre, et elle ne revient jamais sur ses pas. C'est une improvisation qui ne sait ni effacer, ni corriger, ni s'arrêter ; il faut qu'elle marche ! Tant pis pour les erreurs, tant pis pour les crimes, tant pis pour les calomnies qu'elle jette en chemin !

« D'où je conclus comme j'ai commencé : ce méchant petit morceau d'acier, interposé dans la civilisation française, y jette tout à fait le même désordre que le grain de sable *placé là*, comme dit Bossuet en parlant de l'urètre de Cromwel. Les grands critiques cherchent bien loin d'où viennent tant de barbarismes imprévus ; les grands politiques cherchent bien loin d'où viennent tant de résistances imprévues ; et ils ne savent pas s'en rendre compte à eux-mêmes, par la raison qu'ils sont en effet de très-grands critiques et de très-grands politiques ; aucun d'eux n'a songé à la plume de fer. En effet, c'était là une solution trop simple et trop facile à prouver.

« Enfin que vous dirai-je? On m'assure que de grands génies, qu'il faudrait tuer à bout portant, s'occupent, à l'heure qu'il est, à *perfectionner* la plume de fer. *Perfectionner* la plume de fer, grand Dieu! Eh! malheureux! dans quel but? Ce perfectionnement consisterait à trouver une plume de fer qui portât elle-même et qui distillât son encre, comme le serpent porte et distille son venin. Par ce moyen une rapidité nouvelle serait ajoutée à cette rapidité déjà effrayante; la main de l'écrivain resterait constamment fixée sur le papier sans même que l'esprit eût, pour se reconnaître, le léger intervalle qui sépare encore la plume de fer de l'encrier où elle s'abreuve! Si nous tombons encore dans ce progrès-là, c'en est fait, la fin du monde est proche! l'esprit humain reste sans défense contre ses propres excès, et la société, envahie soudain par une improvisation sans fin, sans terme et sans contre-poids, devient un *sauve qui peut* général! En vérité, Messieurs, je ne connais pas de danger plus terrible que le progrès. »

Ainsi parla notre ami Thomas. Il fut beaucoup plus éloquent que je ne pourrais vous le dire. Il est, comme vous voyez, tout à fait le véritable descemdant de cet apôtre obstiné qui niait la résurrection du Christ, et à qui Notre-Sauveur fut obligé de débiter les deux rimes latines :

Vide pedes, vide manus :
Noli esse incredulus.

LA
VILLE DE SAINT-ÉTIENNE

(LOIRE)

Si l'on vous disait sérieusement : Il existe à cent lieues de la Chaussée-d'Antin une ville de forgerons et de charbonniers presque aussi riche que la ville de Paris, toujours entourée de fumée et de poussière, qui n'a entendu parler que de loin en loin de nos plaisirs de chaque jour, de Rossini et de Mlle Mars, ville étrange, qui ne ferait aucune différence entre M. Albert et Mlle Taglioni, qui en est restée à M. Delille pour la poésie, à M. Lachaussée pour le drame et à M. de Laharpe pour la critique, qui vit très-bien sans bibliothèque et sans spectacle, et dans laquelle vous ne trouveriez pas un bon tableau ;

ville immense dont huit gendarmes font toute la force armée, et qui n'a pour se distraire ni assises, ni la cour d'un préfet, ni aristocratie orgueilleuse et ruinée, ni académie à églantine d'argent, ni société d'harmonie aux sérénades criardes, ni poëte national aux madrigaux patriotiques; en un mot, rien de ce qui fait le charme et la vie d'une ville de province; mais, en revanche, du fer, du charbon, de la soie, des fusils, des petits couteaux, des bêches; la lave ardente qui tombe à grands flots dans la fournaise, et de l'or comme dans un conte des *Mille et une Nuits;* si quelque voyageur, encore tout ému de ce drame étrange et le visage tout couvert de cette suie huileuse et noire qui remplace pour cette ville les parfums de l'été et les blanches fleurs du tilleul aux derniers jours de l'automne, venait vous dire qu'en fait de bien-être social, d'activité industrieuse, d'économie sévère et de passions comprimées, vous n'avez rien lu de pareil dans les lois de Licurgue; s'il ajoute que là le couvre-feu se sonne à huit heures du soir, au moment où le frais commence, et que le réveil arrive à quatre heures du matin, au moment où le sommeil est plus lourd; alors sans doute, si vous êtes un des heureux de ce monde, un homme à imagination vagabonde et riante, au cœur oisif et sans passion, vous ferez comme Sterne : vous regarderez si votre habit est encore assez neuf, et, après avoir été dans votre écurie dire adieu à vos chevaux, vous monterez en diligence, à moins que vous ne préfériez l'isolement de la chaise de poste, quand vous êtes mollement étendu sur les coussins et que le postillon brûle le pavé.

Il faut arriver à Saint-Étienne le soir, aux rayons couchants du soleil, quand il jette son dernier éclat sur le dôme d'épaisse fumée qui protége la ville. Saint-Étienne est englouti dans une vallée profonde et triste. Saint-Étienne est aussi la ville aux sept collines, jetée dans le fond de montagnes sans verdure et sans ombrage, et s'étendant çà et là au hasard, s'inquiétant peu de symétrie et de bien-être pourvu qu'il y ait fortune. Il existe telle entrée de la ville, en venant de Lyon (et c'est celle-là que je vous engage à choisir, comme on choisit de préférence un précipice pour entrer dans la Suisse), longue, étroite, bruyante, encombrée d'un peuple en guenilles, au visage noir et aux dents blanches. Entrez par cette rue à sept heures du soir, et vous aurez perdu en dix minutes tout ce que le souvenir de nos villes de France peut avoir pour vous d'élégance et de goût. Un voyageur qui a passé à Nevers il y a deux jours à huit heures du matin, qui a traversé ces rues si propres, ces jolies maisons en terre cuite; qui s'est arrêté sous ces fenêtres vertes et qui a prêté l'oreille au bruit de la jalousie entr'ouverte et découvrant à la fois un pot de fleurs à demi écloses et quelque tête souriante et curieuse de jeune femme en négligé; pour celui-là, c'est un désagréable contraste que d'entrer à Saint-Étienne le soir par la rue de Lyon. A cette heure, cinq cents forges bruyantes sont en mouvement, non pas une forge parisienne avec son petit feu de cuisine, son soufflet de salon et son enclume portative, comme vous avez pu en voir une rue des Bons-Enfants, en allant acheter un elzevier chez Sylvestre, mais un immense fourneau, un brasier brûlant comme pour les armes d'Achille, un soufflet qui fatigue un homme, une enclume d'un siècle, et pour chaque enclume trois grands forgerons sales et hideux, autant de femmes échevelées, la lime à la main et travaillant le fer comme un simple dentelle; des enfants, au milieu de tout cet ensemble, abrités par le toit de chaume qui s'avance dans la rue, l'éclat rouge de la flamme, l'âcre odeur du soufre, le bruit du fer, l'étincelle qui vole, la scie qui crie, les chars qui se heurtent, l'aboiement des chiens, les chansons des hommes, les jurements des femmes. Vous marchez une heure au milieu de ce fracas terrible. Simples villes de l'Orient, où êtes-vous avec vos fraîches fontaines, vos palmiers agités, la natte hospitalière de la nuit, et vos contes sans fin, quand le voyageur enchanté ne peut pas trouver le sommeil?

Vous arriverez enfin dans une place isolée et noire, bizarrement coupée en deux par un corps de garde sans sentinelle. C'est là que viennent mourir les lueurs de la flamme et le bruit de l'enclume. A Saint-Étienne il n'y a pas de professions de hasard comme à Paris; pas de ces vagabonds officieux, toujours prêts à vous servir de conducteurs; à sept heures du soir, c'est à peine si vous trouverez quelqu'un sur la place pour vous indiquer une auberge toute semblable aux hôtelleries de la Cité du temps de la Ligue. On entre par la cuisine; on passe devant le tourne-broche chargé de viandes; on trouve une petite cour pleine de fumier, on monte un escalier de bois, on se jette sur un lit à fleurs gothiques, et l'on dort si l'on peut, car c'est à minuit que commence le commerce de la ville. A cette heure fatale, consacrée encore dans telle ville d'Allemagne aux apparitions et aux fantômes, vous entendez tout à coup un grand bruit de chars. On se croirait aux environs de l'Opéra après une première représentation de Rossini ou de Meyerbeer. Voilà l'heure où Saint-Étienne jette ses produits dans le monde : les ballots sont préparés, les fourgons sont chargés la nuit est épaisse, tout s'ébranle. On adresse à

Paris les brillantes soieries, les petits couteaux et les socs de charrue à l'Amérique; l'Angleterre réclame l'acier travaillé, qu'elle nous renvoie avec son poinçon ; l'Allemagne achète des fleurets qu'elle nous renvendra plus tard. Une ville surprise par l'assaut n'a pas plus de mouvement et d'activité; seulement, personne dans les rues que les charretiers; aux fenêtres, personne. Tout est mystère dans les envois : c'est à qui cachera le mieux le nombre de ses commissions, l'adresse de ses commettants, l'importance de ses marchandises; on s'épie, on se surveille, la rivalité retient son souffle de peur de se trahir; et quand le jour est revenu, tous ces marchands qui ont exploité des millions dans la nuit, qui se sont espionnés douze heures, se saluent comme de francs amis et se plaignent entre eux de la dureté des temps, de la rareté de l'or, de leurs magasins qui regorgent de marchandises. Honnête mensonge dont personne n'est la dupe, dont personne n'a encore osé se dispenser.

Et le lendemain, quand vous vous réveillez, si vous avez pu dormir, et après avoir fait cette longue et minutieuse toilette du matin à laquelle un bon Parisien ne renonce jamais, je vous avertis que vous venez de vous rendre ridicule pour tout le jour. Vous sortez et vous voyez la ville.

C'est un assemblage étrange : des ruines et des palais ; un hôtel, massif comme un hôtel vénitien qui serait sans grâce, à côté d'une échoppe ; une maison basse en pierres de taille, et six étages en plâtre et en chaux : la rue Saint-Jacques, avec son peuple équivoque et pauvre, traversant subitement la rue Royale et sa somptueuse élégance. Tout est confondu dans cette ville ; c'est du luxe, c'est de l'indigence, c'est le canot de Robinson Crusoë qui n'est pas encore lancé à la mer. Là surtout le hasard est un grand dieu ; là surtout vous regretterez votre Paris et cette vie divergente et animée qui se répand de toutes parts avec l'abandon échevelé d'une jeune fille à son premier désespoir d'amour. Ici, tout est symétrie ; le moindre mouvement de ce peuple s'opère sous l'empire de l'ordre. On agit à Saint-Étienne comme dans une vaste caserne, à la baguette du tambour-major : une armée en bataille n'a pas plus de précision. Hier, vous êtes entré dans la ville au bruit méthodique de trente mille marteaux retombant en cadence sur quinze mille enclumes ; vous vous êtes endormi au bruit de douze cents chariots expédiant des ballots à l'étranger. Le matin, vous retrouverez le même ordre et la même précision.

Voici le matin, le bruyant matin ! Une armée de jeunes filles rondes, ramassées, rebondies, au teint animé, aux larges mains, aux jambes solides, va se rendre à l'ouvrage avec la symétrie d'un bataillon. Ce sont les ouvrières de la ville. A peine au monde, chose rare pour de pauvres filles! les filles de Saint-Étienne ont un métier certain : elles font des rubans, elles font des lacets, elles travaillent la soie; c'est à leurs mains que l'on confie ces fils plus précieux que l'or, ces longs fils blancs dont les tissus sont destinés à des reines. Il arrive de là qu'à Saint-Étienne, véritable république pour l'orgueil, il n'y a pas une servante à espérer; ce qui étonnera le plus, c'est qu'il n'y a pas une grisette. La grisette parisienne, jeune et vive, accorte et décente, au tablier noir et au petit bonnet, est inconnue à Saint-Étienne : indice spirituel et vif du goût français, témoignage ingénieux et piquant de notre égalité sociale, la grisette n'appartient qu'aux villes très-policées; à Saint-Étienne, ce serait une anomalie. Déjà pour une certaine partie de citoyens, l'ouvrière en soie est une fille dégradée; il y a dans la ville tel vieux Stéphanois qui coudoiera avec mépris l'ouvrière la plus fraîche et la plus jolie. A un pareil homme, parlez-lui, pour le fils qui doit hériter de son enclume ou la femme qui doit remplacer sa seconde épouse, de quelque grande et osseuse fille aux yeux caves, habile à tracer une lime, habile à manier le fer, qui va se pencher hardiment sous une meule d'usine et aiguiser trois cents haches dans un jour, sauf à se briser le crâne sous l'énorme meule qui l'entraîne et la jette dans un gouffre sans fond. O la singulière ville ! Le poëte, pour se faire pardonner ses cyclopes, leur a donné la poésie : qui de nous n'a souvent chanté cette idylle de Théocrite, quand le farouche pasteur, assis sur le bord de la mer, prend son chalumeau et propose à la folâtre et blanche Galatée de crever son œil unique? Saint-Étienne, c'est le cyclope sans sa flûte, sans Galatée. D'abord refuge de forgerons aux mœurs rudes et sauvages, on a tenté d'adoucir ses mœurs en lui donnant un travail plus facile et plus doux. Vains efforts ! on n'a fait que lui ravir le peu de verdure qu'elle avait encore. De mon temps, il n'y avait dans la ville que deux endroits où un homme de quinze ans pût lire *Werther* ou bâtir son premier roman d'amour : c'étaient Valbenoite et Monteau. Valbenoite était alors un vallon solitaire, avec de grands arbres, un grand jardin de trente perches, dans lequel j'ai vu le premier paon de ma vie, comme une merveille inconnue à la civilisation que j'habitais. J'entends encore les oiseaux de Valbenoite et le bruit du moulin ; je vois encore les linges de la blanchisserie de Jeanneton étendus triomphants au soleil. Tout cela est perdu ; on a abattu la forêt de six arbres pour y établir des machines à lacets; du simple et paisible moulin on a fait une usine anglaise; il n'y a pas jusqu'à Jeanneton, ma bonne nourrice, qui ne soit devenue une riche dame, parce que l'industrie a eu besoin de sa cabane. Le pauvre oiseau, malgré son brillant plumage, a été sacrifié, ainsi que le jardin, à des produits chimiques. Le moyen à présent d'aller à Valbenoite lire son *Werther!* Quant à Monteau, adieu les prairies et les collines qui nous abritaient de leur silence! La machine à bras parle haut dans la colline. C'est à en mourir de chagrin, eussiez-vous été abonné à l'Opéra-Comique depuis le temps de M. Grétry.

Pour la première fois j'ai regretté, en parlant de Saint-Étienne, de ne pas savoir un mot de cette science toute nouvelle qu'on appelle statistique, que M. Charles Dupin a inventée à son profit, la statistique et l'économie politique me paraissant, après les cols en papier et les cannes à fauteuil, les deux plus belles inventions de notre époque. Écrivez donc, sans savoir un chiffre, sur une ville où tout est commerce! amusez-vous donc à écrire et à peindre au milieu d'une seule préoccupation! Quelle belle page j'aurais eue de plus si j'avais pu faire l'histoire d'un seul *eustache!* Un eustache est un couteau sans ressort, manche de bois noirci au feu, avec un trou à l'extrémité pour y passer une ficelle : cet instrument, après avoir passé par dix-huit mains différentes, ne coûte que trois liards la pièce.

« Ce que j'ai le plus admiré en France, disait Fox en 1802, ce sont les eustaches de Saint-Étienne. » Cependant, en 1802, c'était une assez belle époque de gloire militaire, sans compter que pour la gloire littéraire nous en étions aux comédies de Collin et à la tragédie de M. Luce de Lancival.

Que j'aimerais aussi à savoir comment se fait un fusil à Saint-Étienne! Ce n'est pas faute, croyez-moi, d'avoir vu la fabrique, d'avoir joué, jeune enfant, dans l'atelier de Stellein, ce bon et infatigable Stellein, qui a fait tant de belles choses dans sa vie! Tout ce que j'en sais, c'est qu'un ouvrier prend à la fois trente ou quarante lames de fer, réunies et pétries ensemble; il réduit toutes ces lames réunies en une seule et même lame. Vous diriez d'une simple argile, tant l'ouvrier est le maître de la matière : il tord, il tourne, il allonge, il raccourcit, il imprègne son dessein dans le canon. A présent, voilà un simple fusil de guerre, une de ces arme que préféraient les soldats d'Austerlitz. Plus tard, c'est un élégant fusil de chasse, léger et rapide. Encore un effort, appelez à votre secours le ciseau de Dumarest et de Dupré, vous aurez la plus belle arme du monde, digne du pacha d'Égypte, une de ces armes brillantes, parsemées d'argent et d'or, qu'on ne peut échanger raisonnablement que contre la maîtresse du Klephte.

C'est un Klephte à l'œil noir
Qui l'a prise, et qui n'a rien donné pour l'avoir.

Si je continue ainsi, adieu ma statistique ! Cependant à côté de ces foudres de guerre, si solides et si vite faits, fusils, pistolets, baïonnettes; à côté du fusil de luxe qui demande une année avant d'être parfait; à côté de l'enceinte où toutes ces armes sont essayées avec un fracas épouvantable, à triple charge, sans que le canon soit ébranlé; à côté de tout ce peuple dont chacun a sa partie, à celui-ci une vis, à celui-là un chien, à celui-là une platine, à celui-là le bois sculpté, à l'autre la ciselure du fer, et tant d'autres détails bien distincts, qui font autant de métiers différents, vous trouvez tout à coup de grandes enceintes isolées et tristes. Figurez-vous je ne sais combien de métiers réunis, des fontaines de fil faisant tourner des milliers de dévidoirs. Le fil et la soie reçoivent leur mouvement de la vapeur, se croisent et se mêlent dans tous les sens, çà et là, faisant jaillir mille dessins rapides et variés; et quand, par hasard, un fil vient à se briser, le lacet auquel appartient ce fil s'isole de tous les autres : immobile, il attend qu'on le remette en rapport avec le mouvement qu'il a perdu, pendant que les autres lacets vont toujours. En effet, ce n'est pas une seule machine, mais autant de machines qu'il y a de lacets, ou de dentelles, ou de tulles, car on fait de tout à Saint-Étienne, et par tous les moyens, par un courant d'eau, par la vapeur, par les bras des hommes quand on ne peut faire autrement, souvent même par le simple mouvement d'un pauvre cheval aveugle attaché à une roue. Il y a telle maigre haquenée, à Saint-Étienne, qui a gagné plus d'argent à son maître que les brillants coursiers de lord Seymour dans ses courses au Champ de Mars.

On a beaucoup parlé jadis de la Hollande, de ses quatre pieds de marais fangeux, et de ses richesses à acheter l'Angleterre. Manchester est aujourd'hui proclamée une seconde Amsterdam par l'importance de ses produits et de son commerce. Je ne crois pas que le flegme hollandais ou l'âcreté anglaise soient plus dignes de remarque que l'industrieuse patience de l'homme de Saint-Étienne, que son acharnement à utiliser la moindre parcelle de cette terre de charbon. Il existe dans la ville un honnête fabricant, aussi riche qu'une cantatrice italienne, qui s'est trouvé dans son enfance avoir lu les *Géorgiques* et traduit le père Rapin, qui lui avait laissé je ne sais quel goût champêtre qui l'a forcé à avoir une maison de campagne, une *villa* avec des ombrages et des ruisseaux murmurants, et le *hoc in votis* écrit en grosses lettres sur la porte d'entrée, à la grande admiration des passants. Le digne homme m'avait pris en amitié parce que je comprenais ses citations latines, et qu'en se promenant avec moi sous les tilleuls rabougris de la grande route, il pouvait revenir sur les souvenirs poétiques de sa jeunesse et sur les plaisirs innocents de son *prædium rusticum*. « Je veux vous y conduire, me dit-il un jour ; vous verrez mon bosquet, ma naïade, ma ruine, car j'ai aussi une ruine : c'est un délicieux séjour. » Et nous partîmes le lendemain pour ce séjour délicieux. La maison était plantée sur un sommet élevé, et bâtie comme un hôtel du faubourg Saint-Germain. Au lieu d'avenue, de ces belles et riches avenues de vieux arbres que la révolution a détruites, on avait construit une longue cheminée de pompe à feu, dont l'épaisse fumée jetait une odeur de soufre insupportable ; tandis que la machine faisait jaillir en dehors du puits des torrents d'une eau noirâtre qui formait une boue infecte autour de l'habitation. « Voilà mon donjon, à moi, me dit l'honnête négociant en me montrant la cheminée; voilà mon fossé féodal. A mon sens, j'aurais été bien niais de perdre cent bonnes perches de terrain dans lesquelles je puis trouver une mine d'or. » Disant cela nous entrâmes dans la maison.

C'était une maison comme toutes les maisons de Saint-Étienne : un carreau d'argile fin et froid, sans tapis; des meubles en noyer huileux et noircis par la fumée; un feu de tourbe à chaque appartement; pas un tableau, pas une gravure, pas un livre; un garde-manger assez triste et maigre, du linge étendu dans la salle à manger, pour éviter le contact d'un air imprégné de fumée. « Allons voir le jardin, » dis-je à mon hôte. Et nous nous trouvâmes dans le jardin, justement devant la ruine dont il m'avait parlé.

Cette ruine était un four à chaux : encore un gouffre de fumée et d'infectes vapeurs de terre cuite, au milieu d'herbes desséchées et en présence d'une plate-bande de tulipes uniformes dont la tête était tristement penchée, faute de pluie. Je n'ai jamais vu de ruines pareilles; cette brique rougeâtre, au milieu de ces fleurs fanées, était d'un effet désolant. « Venez, plus loin; me dit le propriétaire de ce beau lieu, venez contempler tout mon domaine, venez vous rafraîchir dans mon bosquet, venez vous perdre dans mon parc. » Parc et bosquet, tout cela avait six pieds de long. En avançant, j'entendis un bruit d'eau, puis un bruit plus aigu et nerveux à faire peur. Mon homme était triomphant ; il avait trouvé le moyen d'établir là, au fond de son bosquet, dans sa rivière, une scie à scier du marbre. La machine allait toujours avec son craquement criard et faux à vous rendre possédé.

Il me fallut passer cinq heures dans cette mortelle habitation ; et le soir, à l'heure ordinaire du coucher, à huit heures, quand je pus monter dans ma chambre à la lueur d'une chandelle fétide (on ne brûle pas autre chose à Saint-Étienne), j'aperçus dans la plaine mille feux épars, des montagnes de tourbe enflammée : il s'agit seulement de faire perdre à la houille son odeur sulfurique et tout ce qu'elle a de malfaisant, au grand avantage des *villas* d'alentour. En général on tourmente le charbon de toutes les manières à Saint-Étienne. Ils sont parvenus à le changer en fer, à force de fourneaux enflammés, de rouages mouvants : la terre en tremble. La maison de mon hôte, aux neiges près et aux glaces de l'été, pouvait passer pour une *villa* du Vésuve, quand le Vésuve tremble et s'enflamme, et que le lazzarone éperdu invoque la Vierge de Bon-Secours. Et le lendemain, quand je m'éveillai au chant du coq, car le coq chante même dans cette terre désolée, honnête animal ! je retrouvai de mon premier regard l'épaisse fumée de la pompe à feu, l'infecte fumée du four à chaux, la noire fumée du charbon purifié; j'entendis les cris aigus de la scie; seulement, dans le lointain, à côté d'une fabrique de tuiles, je découvris le chemin de fer.

Le chemin de fer est une des merveilles du monde. Le pont sous la Tamise serait même achevé que le chemin de Saint-Étienne resterait encore une merveille. Il ne s'agit seulement que de deux bandes de fer placées à quelques pieds l'une de l'autre, et se prolongeant sur une chaussée pratiquée pour les recevoir; mais ces deux lignes de fer parcourent avec la rapidité de l'éclair quarante lieues de poste, elles traversent trois montagnes; elles uniront le Rhône et la Loire, les plus beaux des chemins qui marchent; elles feront de Saint-Étienne un entrepôt universel. Dans ces deux lignes de fer est contenue toute la fortune d'une ville: grâce à elles, la France n'a rien à envier à l'Angleterre; nous lui sommes supérieurs par la la simplicité des moyens; c'est une gloire dont les nations de l'Amérique se sont avisées les premières, et qui nous eût été bien utile à nous autres, peuples fastueux et imprévoyants de l'Europe, qui commençons des ouvrages pour l'éternité et qui ne les finissons jamais.

Mais ces merveilles de feu et de fer sont une étude fatigante; un voyage au bord du Rhin, au fond de l'Allemagne, je n'ai pas dit dans les montagnes de la Suisse, un voyage d'une année aux Pyramides, serait beaucoup moins pénible que huit jours d'étude à Saint-Étienne. Quand vous auriez vu tout le sol et toutes les merveilles que le soleil éclaire, vous n'auriez encore vu que la moitié de la ville. Sous cette ville enfoncée s'étend une autre ville ténébreuse et triste, véritable séjour des ombres malheureuses; c'est encore une cité qu'il faut voir.

Voulez-vous connaître Saint-Étienne tout entier, grimpez sur la montagne. Au sommet de ce puits qui se prolonge dans les entrailles de la terre, un mauvais tonneau encore infecté de vin du cru est attaché à une méchante ficelle; entrez dans ce tonneau, asseyez-vous sur ses bords; vous aurez pour contre-poids un homme noir avec une lampe de fer aussi grossière, aussi terne que s'il n'y avait pas un forgeron dans la ville; il n'y a de pareilles lampes que dans les mines de Saint-Étienne ou dans les romans de Walter Scott. Ces mines s'étendent sous toute la ville: toute la ville dépend de ces mines; elles fournissent du charbon aux deux tiers de la France. Dans cet espace à la fois si vaste et si rétréci sont contenues toutes nos ressources manufacturières; tout est là, tout notre fer, toutes nos armes; ces belles armes qui ont fait la terreur de l'Europe, noble fer poli et simple, plus lourd que les canons de Versailles, mais aussi plus solides et mieux faits pour de longues guerres. Parcourez donc lentement ces longs souterrains, mesurez ces rochers de houille, arrêtez-vous devant ces familles entières, colonies souterraines dont le berceau est suspendu à une colonne de charbon, dont la jeunesse se passe dans des vallées de charbon, au murmure d'un ruisseau fangeux, qui aiment là, qui se passionnent là, qui apprennent là ce que c'est que la colère et l'envie, ce que c'est que le bonheur, aussi bien que si elles vivaient en plein soleil, au milieu de la langue italienne, dans la campagne de Rome, sur les bords de l'Arno.

Et à propos d'un fleuve italien, demandez, à Saint-Étienne, au premier négociant qui passera dans la rue en vieux chapeau, ses mains dans ses poches, et l'air préoccupé : « Monsieur, où est le Furens? » Il ne vous répondra pas, ou, s'il vous répond, ce sera pour vous montrer dédaigneusement du doigt une petite rivière, que dis-je? un simple ruisseau, un filet d'eau sale chargé d'une écume blanchâtre, et se traînant à peine à travers la ville. Ceci est le Furens, voilà le Furens, ce fameux fleuve qui a fait Saint-Étienne. A genoux devant le Furens! De lui seul viennent les eaux de la ville; à lui seul appartiennent la santé publique, la propreté publique, la richesse : lui seul donne le poli au fer et le pliant à l'acier. Vienne Gargantua avec une soif ordinaire, adieu notre filet d'eau! et plus de ville, plus de soierie, plus de fer, plus d'or, plus de vastes coffres-forts où s'engouffre le tiers du numéraire de la France! Voici le Furens! J. J. Rousseau s'y est aussi agenouillé; alors il relisait l'*Astrée* tous les ans; et quand il vint demander le Lignone, dans un beau moment de poésie, on lui montra le Furens, et il perdit encore à regret une de ces illusions qui faisaient son génie. Dans la position de J. J. Rousseau, c'était une justice que sa colère. Quel désappointement plus triste que de passer des ombrages frais de d'Urfé, de ce ciel bleu qu'il savait si bien faire, de ces moutons poudrés rose, de ces pâturages dressés comme des sofas, de ces bergers en chemise de batiste, de tout le joli de la pastorale à la Ségrais, à toute la laideur de Saint-Étienne? Soyez attentifs! A l'heure de midi, voici tous les bergers sur leurs portes avec leurs bergères, en plein soleil, assis par terre et rassemblés là pour manger, comme les portefaix romains étendus devant la statue mutilée de Pasquin. Il n'y a qu'une heure de comédie à Saint-Étienne, c'est celle-là. Figurez-vous tout un peuple mangeant, toute l'année, à la même heure, le même potage, si l'on peut appeler potage une espèce de mortier de pommes de terre et de pain qui suffit à entretenir tant de vigueur. Ce potage est contenu dans un énorme vase qui s'appelle *bichon;* c'est un pot qui varie de couleur, avec une anse. C'est tout le ménage d'un Stéphanois. Le bichon est à Saint-Étienne ce que le bouclier était à Sparte : « Reviens, mon fils, dessus ou dessous! » Le bichon est le seul meuble qu'on respecte dans la ville, le seul dont on soit jaloux. Un père le transmet à son fils, une femme l'apporte en dot à son mari; le vieillard mange dans son bichon de jeune homme. Le bichon est reluisant, heureux; c'est une espèce de meuble hollandais, avec autant de bonhomie dans le port, entouré d'autant d'idées domestiques et riantes; un dieu Lare qu'on respecte dans les familles, et qui a des droits qu'on ne conteste pas à l'heure où se sert la soupe. Le bichon de l'aïeul passe toujours avant celui du père, jusqu'au bichon du tout petit enfant, qui est de taille à lui servir toujours, lors même qu'il deviendrait un géant. Que de fois, après avoir fait fortune, assis enfin à une table chargée de mets, le banquier stéphanois a-t-il oublié son orgueil de parvenu pour revoir le bichon de l'ouvrier figurer au milieu de la vaisselle d'or! semblable à cet empereur romain qui faisait placer sur sa table des vases de terre qui lui rappelaient son père le potier.

Voilà tout ce que j'ai appris des mœurs de la ville, et de la ville même. Ce faible essai, qu'on prendra pour un roman peut-être, n'est pourtant qu'un simple et véridique aperçu de ce mélange inouï de grossièreté et de richesse, de travaux sauvages et d'opulence sévère, de génie exact et laborieux et d'ignorance inouïe. Que penser, en effet, d'une ville si opulente et si féconde en grands artisans, qui ne compte pas un écrivain passable, pas un poëte, pas un homme qui ait compris le drame, personne!

Ville étrange, qui cependant envoya jadis à la Convention nationale l'armurier Noel Pointe, orateur à la manière de Mirabeau, aussi véhément, et peut-être plus inspiré que lui!

1831.

MAITRE ET VALET

JE me souviendrai toute ma vie du premier grand dîner que je fis à Londres; j'eus tout le temps de tout entendre et de tout voir, attendu que je ne savais ni la langue ni la cuisine employées dans ce repas. Mon rôle fut donc tout passif une grande partie du repas, et ce ne fut qu'au second service, quand enfin se montrèrent la langue et les vins de France, si joyeusement annoncés par le fracas du bruit et la mousse petillante, que je commençai à devenir à peu près un homme, comme on est un homme toutefois lorsqu'on se trouve encore à jeun avec des gens qui ont fort bien dîné.

Voici ce qui me frappa ce jour-là, et je vous raconte ce fait non pas tant comme une histoire amusante que comme une étude des mœurs anglaises; quand je vous l'aurai racontée de mon mieux, vous ferez de mon histoire ce que vous voudrez, si tant est qu'on puisse en faire quelque chose.

Donc (vous voyez que ce commencement se ressent un peu de l'embarras d'une conversation anglaise), j'étais assis à ce dîner à côté d'un gentilhomme anglais, très-poli, très-aimable, très-grand buveur et fort communicatif pour un Anglais qui est chez lui, dans son île, sous sa charte anglaise, propriétaire, éligible, élu, car celui-là était membre de la chambre des Communes. Il était très-honoré de toute l'assemblée. On écoutait ses moindres paroles avec déférence; les laquais de la maison, véritables laquais anglais, insolents et bien tenus comme des laquais de l'ancien régime français, avaient pour mon voisin toutes sortes d'égards et de respects. Évidemment c'était un homme riche et considérable, c'était aussi un homme spirituel et hospitalier; car, une fois qu'il eut essuyé le premier feu de la conversation et qu'il y eut reparti pour sa part, il finit par m'apercevoir : alors il me parla en français et me fit verser le premier verre de vin de Champagne, si bien que nous fûmes tout de suite amis.

En général, on ne rend pas assez justice au vin

de Champagne. Il est vrai qu'on le boit à longs traits, mais il est aussitôt oublié qu'il est bu : on le dépense comme on dépense son esprit, au hasard et à tout propos. C'est surtout lorsqu'on a quitté Paris que l'on comprend bien ce que c'est que le vin de Champagne. Paris est la véritable patrie du vin de Champagne : ce n'est que là qu'il se plaît ; là seulement il est à l'aise, là seulement il a toute sa joie, toute sa verve et toute sa puissance. Le vin de Champagne aime les jeunes gens de Paris, et surtout les femmes de Paris ; il aime les nuits de Paris : il se complaît avec le diamant sur la gorge des belles ; il se mêle à leurs larmes d'amour, il donne le courage du duel et le courage du jeu, tous les courages secondaires. C'est le vin de Champagne qui dompte les chevaux anglais, qui conduit les tilburys au bois de Boulogne ; il anime nos boulevards le soir, il se dandine à Tivoli, et se promène à Coblentz : c'est notre poésie de toutes les heures, c'est notre élégant et facile et amoureux opium. Vive le vin de Champagne à Paris !

Hors de Paris, le vin de Champagne n'est plus qu'un exilé qui se rappelle quelquefois son sourire et sa gaieté ; mais il s'en souvient seulement à de rares intervalles ; puis il retombe dans sa tristesse, songeant à la patrie absente. Que voulez-vous en effet qu'il devienne ce pauvre vin, débouché par des mains brutales de province? comment peut-il éclater et rire dans une fougère commune et mal taillée? que peut-il dire à ces femmes qui se voilent la gorge et qui lèvent le bras d'une façon pudique? que voulez-vous qu'il fasse englouti dans de profonds gosiers abrutis par l'alcool? Pour nous, ce n'est pas un vin de la province, c'est un vin de Paris. Laissez à la province le vin de Mâcon, noble et franc, libéral et frondeur, ennemi né du sous-préfet et du maire; le vin du Rhin, qui porte des éperons et des moustaches, véritable soldat toujours prêt à dégainer; laissez à la province même le vin de Bordeaux, mélancolique et froide boisson qui rencontre encore en province des hommes de Paris pour la comprendre. Mais le vin de Champagne! par Voltaire! c'est l'enfant parisien, c'est la joie parisienne. Il aime, il devine, il reconnaît le Parisien partout où il le rencontre; il brûle alors de briser sa prison de verre pour venir se jeter dans ses bras! Le vin de Champagne et le Parisien se reconnaissent à mille lieues de distance. Que de longues et douces étreintes! que de paroles d'amour! que de bonheur de se revoir! que de promesses de ne jamais se quitter! Le vin de Champagne, mon Dieu! c'est notre trucheman dans les déserts de l'Afrique, c'est notre consul actif et dévoué en Orient, c'est notre pavillon protecteur dans la vaste mer, c'est notre riche et puissant ambassadeur dans les hautes nations, c'est le grand cordon bleu, c'est la noble armoirie que nous portons tous sur notre poitrine et sur notre voiture, nous autres Parisiens, dans les cours étrangères ! Je me sentis donc très-disposé à être Anglais, ou, si vous aimez mieux, tous ces messieurs se reconnurent Français, quand le vin de Champagne parut à table, escorté par le bouchon qui saute, comme une grande dame est escortée par son coureur.

A ce moment-là nous fûmes tous compatriotes, tout le monde but et parla français ; je fus le roi du festin. Vous raconter tout ce qui se dit alors, je ne saurais : d'ailleurs, ce n'est pas là mon histoire ; il faut attendre, pour que mon histoire arrive, que la plupart de ces gentilshommes se retirent, et que nous restions seuls à table tout occupés à boire, le gentilhomme anglais, moi et toi, mon cher et digne Hawtrey, que cette scène, digne de Sterne, a ému jusqu'aux larmes.

Nous étions donc tous les trois buvant à de petits traits dans de longs verres, et tenant de très-sérieux discours sur toutes choses frivoles, le jeu, l'amour, les chevaux, les femmes, la politique, et enfin les deux héros poétiques de France et d'Angleterre, Shakespeare et Jean-Jacques Rousseau ;

car vous remarquerez qu'il n'y a pas un Anglais qui ne parle de Jean-Jacques, pas un Français qui ne s'entretienne du vieux Will. Quel que soit donc le cours d'une conversation entre Anglais et Français, il faut toujours qu'elle arrive invariablement à ces deux hommes. Cela tient à ce que nos voisins ont accueilli J. J. Rousseau, persécuté en France; cela tient à ce que, nous autres, nous nous sommes tout récemment soumis à Shakespeare, ce dieu méconnu, héros tout nouveau pour nous, auquel nous avons présenté notre épée par la poignée. Nous parlâmes donc de Shakespeare et de J. J. Rousseau ce soir-là.

Je ne sais comment ni pourquoi je vins à dire à notre Anglais, qui les comparait l'un à l'autre avec beaucoup d'esprit, sinon de sens, et qui trouvait plus d'une affinité entre ces deux génies sauvages qui éclatent tout à coup par unique besoin d'éclater, et qui se manifestent au dehors par la pensée et par l'éloquence, comme fait un volcan ordinaire, par des éruptions de toutes sortes. « Ajoutez ceci à votre portrait, lui dis-je, qu'ils ont été tous les deux domestiques; que Shakespeare a tenu les chevaux à la porte des théâtres, et que J. J. Rousseau a servi à table chez un grand seigneur. » J'avais dit cela comme quelque chose de très-simple, de très-connu et de parfaitement naturel.

Mais, jugez de ma surprise! à peine eus-je achevé cette malencontreuse proposition, que je vois la figure de notre Anglais pâlir tout à coup et devenir blanche et triste, de joyeuse et rubiconde qu'elle était. Je crus d'abord que le digne homme venait d'éprouver les atteintes d'un mal subit, et je me préparais à lui porter secours, quand tout à coup il se leva de table en sanglotant; puis, d'un geste il renvoya le domestique qui nous servait. Quand il eut versé deux ou trois de ces grosses larmes honnêtes qui sortent de l'âme, qui ont tant de peine à couler, et qui font tant de mal à voir :

« Mon Dieu! s'écria-t-il, mon Dieu! que vous m'avez fait de mal sans le vouloir, Monsieur! »

En même temps il reprit sa place à table; il appuya son front sur sa main gauche; de sa main droite il se livrait à un mouvement convulsif pardessus son épaule, comme s'il voulait en arracher quelque chose.

Nous étions là tous les deux le regardant bouche béante, Hawtrey, immobile, et ne songeant même pas à s'expliquer ce spleen subit autrement que par l'ivresse; moi, avec notre malheureuse littérature d'échafaud et de bagne, m'attendant enfin à me trouver en présence d'un de ces êtres *flétris par les lois*, comme on dit, que la société rejette de son sein, dont les romans abondent, qu'on voit partout sur nos théâtres, et que dans le monde on ne rencontre nulle part.

Que sait-on? j'allais peut-être voir une chose que je n'ai jamais vue, ni moi ni bien d'autres : un galérien en chair et en os !

Mon soupçon, tout littéraire et tout dramatique qu'il était, prit bientôt une grande consistance, quand j'entendis l'honnête gentleman s'écrier, en portant un regard effaré sur son épaule :

« Ne voyez-vous rien ? ne voyez-vous rien. Messieurs, sur mon épaule ? »

En même temps, son geste convulsif allait toujours.

Hawtrey lui répondit comme répondrait un véritable Français, qu'il ne voyait rien sur les épaules de Son Honneur, si ce n'est un très-bel habit de très-beau drap. Moi, silencieux et morne, je pensais fièrement que le gentilhomme s'était trompé, et qu'il avait voulu dire : Ne voyez-vous rien *sous* mon habit, et non pas *sur* mon habit. Je me croyais très-habile d'avoir deviné cela : il y a des moments où l'on pousse la bêtise jusqu'à la cruauté.

Cependant le gentilhomme reprenait toujours : « Ne voyez-vous rien là, sur mon habit ? ne voyez-vous pas cette maudite aiguillette ? » Puis tout à coup, remarquant mon étonnement à moi, désappointé que j'étais, de trouver une simple aiguillette sur une épaule que je croyais au moins marquée d'un fer chaud :

« Oui, dit-il en serrant les poings, oui, j'ai porté l'aiguillette; oui, j'ai été laquais; oui, j'ai servi à table; oui, j'ai frotté les bottes d'un autre; oui, je suis un valet indigne d'être assis à vos côtés. Donnez-moi une place derrière vos siéges, Messieurs, et permettez-moi de vous servir !

Hawtrey, bon comme il est et Anglais comme il est, prit pitié de ce bon gentilhomme, et lui adressa de consolantes paroles. Moi, j'avais un bien mauvais cœur ce soir-là; ce n'est pas ma coutume pourtant! Moi, je me disais que pour l'intérêt du drame, si l'aiguillette était un acteur moins héroïque que le fer chaud, c'était aussi un acteur plus inattendu et plus nouveau, et je me demandais ce que ce drame allait devenir.

Mais alors commença un drame véritable, d'une grande énergie, d'une passion irrésistible, d'un intérêt puissant, tragédie jouée par un seul acteur, péripétie cruelle, fatalité inévitable; éloquence, colère, larmes, pitié, rires aussi, rien n'y manquait. C'était un drame digne de Shakespeare, et qu'il n'aurait pas laissé échapper, j'en suis sûr, si, comme moi, il eût pu entendre cet homme parler avec tant de cœur et d'âme et de regrets, et nous faire passer avec lui par toutes les angoisses de sa condition passée que je lui avais rappelée si mal à propos.

Tout ce qu'il nous dit ce soir-là ne pourrait se redire; il faudrait bien du génie vraiment pour se souvenir de tous ces éclats de passion; voilà à peu près ce qu'il nous dit cependant :

« Oui, j'ai été domestique; oui, j'ai porté la livrée; oui, je sens encore l'aiguillette fatale que n'ont portée ni J. J. Rousseau, ni Shakespeare; oui, je sais trop bien quel est ce supplice d'avoir son âme attachée au son d'une sonnette. Vous êtes tout seul dans l'antichambre à rêver, la sonnette vous réveille en sursaut. La sonnette! c'est un autre vous-même. J'ai vécu ainsi; j'ai été l'ombre d'un autre homme, j'ai été le jouet de ses moindres caprices, l'instrument de ses moindres passions : j'ai été domestique. Mais qui vous a dit que j'ai été domestique, Monsieur? »

Disant ces mots, il était abîmé dans la douleur.

Nous voulûmes le consoler; mais lui, reprenant cette conversation souvent interrompue :

« Ah! disait-il, me consoler, cela est impossible; me faire oublier le passé, c'est impossible. Mes membres se sont pliés à la livrée et en conservent l'empreinte. L'aiguillette pèse toujours sur mon épaule, ma tête est presque toujours découverte ; je ne sais pas tendre amicalement la main aux gens que je salue. Quand je monte dans ma voiture le pied me brûle, et dans ma maison, parmi mes nombreux domestiques, s'il faut implorer un service, je n'ose pas et j'hésite. Je suis maudit. Une tache ineffaçable pèse sur mon front ! »

Puis il se frappait le front avec fureur.

Alors Hawtrey, qui est un puritain, un homme de la vieille Église, tout rempli de la vieille foi, voyant que cette puérile affliction n'avait pas de terme, se mit à la fin en colère, et s'emporta en chrétien contre l'orgueil de cet homme qui ne pouvait pas oublier son ancienne condition, et qui se traitait plus mal pour avoir habité une antichambre que pour avoir fait un voyage à Botany-Bay, après avoir passé par Old-Bay-Kley.

« Cela est très-mal et très-peu chrétien, et très-peu digne d'un homme raisonnable, Monsieur, je vous le dis en vérité ! »

Le gentilhomme se prit à sourire amèrement.

« Voilà en effet ce que je me dis tous les jours, mais ce sont de vaines paroles. Croyez, jeune homme, que j'ai fait tous mes efforts pour surmonter ce malheur puéril. Vains efforts ! Quand je me suis bien raisonné tout le jour, quand je me suis bien répété que tous les hommes sont égaux dans l'Église et dans le royaume, la nuit arrive :

Alors, après ma prière, le frisson me reprend. Je me mets au lit en tremblant, et je m'endors. Mon sommeil est horrible. A peine endormi, je recommence mon métier d'autrefois. J'étais maître tout à l'heure, je suis valet à présent. Oh! que de tortures morales et physiques! oh! que de petites douleurs plus cruelles mille fois que les grandes douleurs! C'est un rêve continuel tout empreint de domesticité. Je loge dans les combles de la maison. Dès le matin je me lève pour panser mes chevaux. L'animal bondit sous ma main; je le frotte et je le pare, et dans sa robe luisante, je vois mon visage encore tout pâli par les veilles. A peine mon cheval est-il pansé, que j'entends le maître qui sonne. C'est horrible! A midi, il monte sur le cheval que j'ai rendu si beau. C'est horrible! Le soir, il me place derrière lui, et je suis là attendant, pour remuer, un geste de sa femme, un son de sa voix. C'est horrible! Le soir, je le vois entrer chez Fanny, chez qui encore? J'entends les éclats de leur joie, et j'attends. C'est horrible! Le même rêve m'obsède toutes les nuits, toutes les nuits j'endosse la même livrée. Je suis laquais vingt-quatre heures sur quarante-huit. Et quand, après ce long et pénible sommeil, je me réveille enfin, quand je me trouve dans le lit du maître, dans la chambre du maître, tout éveillé que je suis, je tremble de voir arriver quelqu'un qui me chasse; il me faut une heure au moins avant de m'habituer chaque matin à ma position nouvelle, avant d'oser appeler mon valet de chambre, qui m'attend là, qui a peut-être rêvé la nuit qu'il était le maître, et qui est plus heureux que moi.

« Monsieur, me dit-il, j'ai une histoire à vous raconter, qui est horrible. Sans doute vous êtes comme moi, Monsieur, et vous ne trouvez rien de plus doux au monde que d'aimer une belle femme qui vous aime, que de boire un vin qui vous plaît, que d'avoir l'épée à la main, six pieds de gazon, et un homme aussi l'épée à la main, que vous haïssez. Cela est heureux, n'est-ce pas? On se sent un homme alors! Eh bien, la semaine passée, j'ai rêvé une fois que, moi, je servais à table mon rival aimé, l'amant de ma femme. Pendant douze heures, j'ai été derrière eux, la serviette au bras, obéissant à leurs moindres gestes, écoutant leurs moindres propos, comprenant leurs moindres signes! Malédiction, malédiction! ils se gênaient si peu pour moi! ils me comptaient pour si peu, moi! ils se livraient à leur passion comme s'ils avaient été seuls! Et moi, je les servais! Mon cœur battait à outrance. Ils se retournaient comme s'ils avaient été inquiétés du bruit que faisait mon cœur! Ma gorge enflammée était desséchée comme la fournaise. Ils me demandaient à boire, et je leur versais à boire! Malédiction! Et à la fin de ce repas maudit, quand je voulus me venger enfin et demander raison de son outrage à l'homme qui m'outrageait, il me demanda son épée et il me fit signe de l'accompagner, et il alla se battre en duel, et ce fut un autre que moi qui croisa le fer avec lui, et moi je restai là tranquille spectateur. J'étais un domestique! je n'étais pas un homme; je n'avais plus ni amour, ni haine! Voilà les nuits que je passe, Messieurs; voilà mes rêves, voilà ma vie! Car le jour je vis à peine; le jour, pendant que je suis le maître, je pense à la nuit qui va venir. Quand je monte dans ma voiture le jour, ce n'est jamais sans songer que je dois la laver la nuit; quand je donne le bras à ma femme, je me rappelle que bientôt je me tiendrai debout derrière sa chaise; mes amis les plus sincères, je les hais, parce que je sais qu'à la nuit tombante ils me feront porter un habit galonné et qu'ils me donneront des ordres, et que devant moi il n'y aura plus un seul de ces hommes si élégants, si aimables, si parés, qui songera à être un héros. Car voilà un des malheurs de notre condition à nous autres laquais, c'est que nous voyons l'humanité dans ce qu'elle a de plus vil et de plus abject. Nous savons à point nommé quand nos maîtres manquent d'argent ou de courage. Nous savons quand ils pleurent; nous connaissons leurs maladies les plus cachées; nous mettons le doigt sur leurs plaies les plus secrètes; ils ne se gênent pas avec nous : pourquoi voudriez-vous qu'ils fussent des hommes pour nous? nous ne sommes pas des hommes pour eux. Aussi, malgré moi, malheureux que je suis! je méprise les hommes pour les avoir vus dans leur intérieur. Ce qu'on appelle le monde est pour moi une chose informe et déplaisante. Voilà un bien beau monde, n'est-ce pas? Oui, un beau monde pour celui qui ignore combien il a fallu de mains, de parfums, de brosses, de faux cheveux et de faux mollets pour le rendre supportable trois heures durant! »

Ainsi parla notre homme; mais, comme je vous le dis, il parla avec une éloquence incomparable et que rien ne peut rendre. Au milieu de toute cette colère, il eut des aperçus très-fins et très-ingénieux, qui me frappèrent comme autant de vérités toutes neuves et qui m'échappent à présent, comme ces beaux airs du grand Opéra dont on se souvient sans pouvoir en chanter une note. Cependant l'heure était fort avancée, et lorsque minuit sonna, notre gentilhomme, se levant comme en sursaut :

« Voici l'heure où je redeviens laquais, » nous dit-il.

Puis, tirant sa montre :

« J'ai encore quelques instants devant moi. »

Il sonna. Un des domestiques de la maison entra dans l'appartement.

« Voulez-vous, lui dit-il très-poliment, faire avancer ma voiture, s'il vous plaît ? »

Il sortit en nous faisant un profond salut.

Restés seuls, Hawtrey et moi, nous entendîmes la voiture qui s'éloignait.

« Ceci est étrange ! dit Hawtrey. Voilà un sentiment singulier et tout nouveau qui se révèle à nous mal à propos. C'est un mélange bizarre de folie et de raison, que je ne saurais définir, mais qui est bien singulier. Qu'en penses-tu ?

— Je pense, lui dis-je, puisque nous avons parlé de J. J. Rousseau, que voilà un homme qui dérange singulièrement les plus belles pages qu'ait écrites J. J. Rousseau, son admirable déclamation sur le remords. »

Hawtrey réfléchit quelque peu :

« Tu as raison, dit-il, voilà un fait qui rétrécit singulièrement le domaine de la conscience. Cet homme, dont la vie est ainsi troublée par un accident qui n'est ni un crime, ni une faute, et qui cependant souffre tout autant que le criminel après un repentir, cet homme est une profonde énigme, bien difficile à accorder avec le remords.

Et puis il ajouta, croyant se parler à lui seul, car c'est un homme de trop de foi pour vouloir scandaliser son frère :

« Sait-on, après tout, ce que signifient ces deux mots-là : *conscience* et *remords?* »

LES
MARCHANDS DE CHIENS

Vous avez lu sans doute les *Mémoires de lord Byron*. Une des choses qui m'ont étonné le plus dans ces étonnants mémoires, c'est la facilité avec laquelle le noble lord renouvelle ses bouledogues et ses lévriers à volonté. « Envoyez-moi, dit-il, un bouledogue d'Écosse ; les bouledogues de Venise n'ont pas les dents assez dures. — Envoyez-moi un beau chien de Terre-Neuve pour le faire nager dans les lagunes. » Il écrit, il donne des ordres à son intendant, comme un autre écrirait à Paris : « Envoyez-moi de l'eau de fleur d'oranger, ou des gants. »

Si lord Byron avait eu son correspondant à

Paris, ce correspondant aurait été bien embarrassé de satisfaire aux désirs de son maître. Il aurait eu beau chercher dans tout Paris un bouledogue, un lévrier ou un chien de Terre-Neuve à acheter : je suis assuré qu'il aurait eu grand'peine à rencontrer de quoi satisfaire lord Byron, qui s'y connaissait. Dans ce Paris, où tous les commerces se font en grand, même le commerce de chiffons et de ramonages à quinze sous, il n'existe pas un seul établissement où l'on puisse aller, pour son argent, demander un chien comme on le veut. En fait de marchands de chiens, nous en possédons, il est vrai, quelques-uns, et en plein vent, fort versés dans la science de dresser des caniches, et qui élèvent leurs chiens dans des cages sur le parapet du pont Neuf; mais c'est là tout. Allez donc chez ces gaillards-là, une lettre de lord Byron en main, demander à acheter un bouledogue, un lévrier ou un chien de Terre-Neuve !

Vous voyez donc, sans que je vous le dise, que, malgré toute ma bonne volonté, je ne puis vous faire ici une dissertation savante sur cette branche d'un commerce qui n'existe pas, et qui pourrait être très-florissant. Après la race humaine, ce que le Parisien néglige le plus, c'est la race canine : il est impossible de se donner moins de peine pour les uns et pour les autres; il est impossible de mélanger les races avec plus de caprice insouciant et de hasard stupide. Voilà pourquoi nous avons de très-vilains hommes et de très-vilains chiens.

Venez donc avec moi si vous voulez voir les chiens parisiens, venez sur le pont Neuf, à gauche en descendant la rue Dauphine : quand vous aurez passé la statue de Henri IV, vous trouverez cinq à six badigeonneurs en chaussures entourés chacun de cinq à six caniches taillés et ciselés comme le buis des jardins de Versailles. L'un de ces caniches porte une moustache, l'autre est dessiné en losange; l'un est blanc, l'autre est noir; l'un est croisé avec un griffon, l'autre est croisé avec un épagneul; il y a quelquefois dans un seul chien dix espèces de chiens. Envoyez un de ces chiens à lord Byron et vous verrez ce qu'il vous dira !

C'est que, pour le marchand de chiens de Paris, élever un chien, vendre un chien, ce n'est pas une spéculation, c'est un plaisir, c'est un bonheur. Le marchand de chiens à Paris est d'abord portefaix, décrotteur, père de famille, et enfin marchand de chiens. Il est portefaix pour vivre; il vend des chiens pour s'amuser : c'est un goût qui lui est venu quand son père était portier. Le propriétaire de la maison avait tant défendu à son père d'avoir un chien que son fils en a eu trois dès qu'il a été majeur; pour ses chiens il a perdu en même temps la porte et l'affection du propriétaire de son père. Zémire, que vous voyez là étendue au soleil, a empêché le mariage de son maître avec une cuisinière, ma foi! dont elle dévastait le garde-manger; puis Zémire, étant devenue pleine dans la rue, a mis bas dans le lit de son maître. Son maître, voyant ces pauvres petits souffrants, les a élevés lui-même avec du lait, et, une fois élevés, il les a vendus sur le pont Neuf, ou plutôt il les a placés de son mieux, tenant plus au bien-être de ses chiens qu'à son profit personnel.

Tous les marchands de chiens de Paris ont des petits issus de Zémire et d'Azor. Regardez tous les chiens qui passent : ce sont les oreilles de Zémire, c'est la queue d'Azor, c'est la patte blanche d'Azor. Ces chiens-là sont gourmands, malingres, paresseux, voraces, stupides, très-laids et très-sales; au demeurant, les meilleurs chiens de l'univers.

J'imagine qu'au lieu de juger les hommes par les traits de leur visage ou les signes de leur écriture, on ferait mieux de les juger par les chiens qui les suivent. Le chien est le compagnon et l'ami de l'homme; le chien est sa joie quand il est seul, c'est sa famille quand il n'a pas de famille; le chien vous sert d'enfant, et de père et de gardien; il a l'œil d'une mobilité charmante, il est arrogant, il est jaloux, il est despote, il a toutes les qualités d'un animal sociable; il vous donne occasion très-souvent de vous imposer ces petites privations qui coûtent peu, et qui font plaisir parce qu'elles vous prouvent à vous-même que vous avez un cœur. Ainsi la meilleure place au coin du feu est au chien, le meilleur fauteuil de l'appartement est au chien; on sort souvent par le mauvais temps pour promener son chien; on reste chez soi pour tenir compagnie à son chien; on se réjouit avec lui, on pleure dans ses bras; on le soigne quand il est malade, on le sert dans ses amours; c'est un sujet inépuisable de conversation avec ses voisins et ses voisines; c'est un admirable sujet de dispute aussi. Pour un célibataire, pour le poëte qui est pauvre, pour tout homme qui est seul, pour la vieille femme qui n'a plus personne à aimer, même en espoir, il n'y a plus qu'un seul secours, un seul ami, un seul camarade, un seul enfant, leur chien.

On peut donc, à coup sûr, juger de l'homme par le chien qui le suit. S'il en est ainsi, vous aurez une bien triste idée du bourgeois de Paris en voyant les chiens qu'il achète. Pour aimer de pareils chiens il faut avoir perdu toute idée d'élégance, toute sensation, tout odorat, tout besoin de beauté et de forme. Le caniche du pont Neuf, à mon sens, est une espèce de honte pour un peuple qui a quelques prétentions artistes. Le caniche est, en effet, le fond de tous les chiens parisiens.

J'entends le caniche bâtard. C'est un animal dont on fait tout ce qu'on veut, un domestique d'abord; et le Parisien a tant besoin de domestiques que, ne pouvant les prendre aux *Petites-Affiches*, il en achète, sur le pont Neuf, un écu. Il s'en va donc sur le pont Neuf, à l'heure de midi, flairant un chien, étudiant son regard, marchandant, discutant, s'en allant et revenant.

« Combien ce chien? » Le chien qu'il achète est âgé ordinairement de trois mois. Pendant qu'il marchande, tous les connaisseurs se rassemblent autour de lui, et chacun donne son conseil. A la fin on convient du prix. Le prix ordinaire d'un caniche bâtard, plus ou moins, varie d'un écu à sept francs. Quelques-uns se vendent dix francs; mais, en ce cas-là, il faut que l'acheteur soit un maître d'armes, un employé du mont-de-piété, ou un commissaire de police pour le moins.

A peine a-t-il acheté son chien, le bourgeois de Paris remonte tout radieux à son quatrième étage. Arrivé à la porte, toute résolution lui manque. Sa femme a bien juré qu'elle n'aurait plus de chien : comment faire accepter ce nouveau chien à sa femme? A la fin, il prend son parti, il ouvre la porte, il entre: « Tiens, ma femme, regarde le joli petit caniche! » La femme résiste d'abord, puis elle cède ; car le moyen de ne plus aimer, une fois qu'on a aimé, même un caniche! Et voilà notre heureux couple qui s'occupe du charmant animal : on le blanchit, on le pare, on l'engraisse, on lui apprend à descendre dans la rue tous les matins. Ce bon ménage, qui s'ennuyait tête à tête et qui n'avait plus rien à dire ni à faire, se trouve à présent, grâce à son caniche, très-occupé et très-heureux. Qui vous dira toute l'éducation du caniche? que n'apprend-on pas au caniche? On lui apprend à rapporter tout d'abord, c'est l'*a b c* du métier de caniche; après quoi on lui apprend à fermer la porte, on lui apprend à marcher sur deux pattes, on lui apprend à faire le mort, on lui apprend à vous ôter votre chapeau quand vous entrez. C'est une plaisanterie très-agréable : le caniche saute sur vous à quatre pattes et vous arrache votre chapeau avec ses dents, ce qui est très-pernicieux quand vous avez un chapeau neuf. Il y a des caniches qui font l'exercice, qui scient du bois, qui jouent à pigeon-vole, qui vont chercher leur dîner chez le boucher; j'en ai connu un qui fumait dans une longue pipe très-agréablement. Le caniche est la joie de la grande propriété bourgeoise ; c'est une dépense tous les ans assez considérable : il faut le faire tondre tous les deux mois, il faut changer de logement à peu près tous les ans, il faut être brouillé avec tous les voisins qui n'ont pas de chiens, quand on a un caniche un peu supportable.

Ce sont là de grands sacrifices sans doute ; mais comme on en est dédommagé ! quel plaisir, quand on passe dans la rue, d'entendre l'animal aboyer contre les chevaux, et de se venger sur les chevaux des autres de ceux qu'on n'a pas ! quel bonheur, dans le bois de Romainville, de voir galoper son caniche, ou bien de le voir nager dans la Seine, ou courir après un bâton qu'on lui jette, à la grande admiration des amateurs !

Le caniche est de tous les temps, et de tous les âges, et de tous les sexes ; c'est le chien du rentier, c'est le chien du propriétaire, c'est le chien du portier surtout ; le portier, cet être amphibie qui est à la fois propriétaire, bourgeois, domestique : propriétaire parce qu'il ne paye pas son loyer, bourgeois parce qu'il a un propriétaire, et domestique parce qu'il est obligé d'aimer les caniches des autres et que rarement il peut avoir un caniche à lui.

Le caniche est le chien de l'homme et de la femme depuis trente-cinq jusqu'à quarante-cinq ans.

Arrivé à cinquante ans, les goûts changent. Tel

qui s'était fait le chien d'un caniche impétueux, hardi, ardent, ne pouvant plus suivre à la course son animal, n'est pas fâché de s'en défaire. Ce chien meurt : alors on le remplace par un animal d'une espèce plus douce et moins fougueuse. Avant cinquante ans, c'était l'homme qui décidait du choix de son chien dans le ménage; après cinquante ans, c'est la femme qui en décide. C'est qu'après cinquante ans la femme aime son chien non plus pour son mari, mais pour elle-même, et alors, aimant son chien pour elle-même, elle prend un chien d'une nature frileuse et calme, qui ne la quitte pas, qui aille d'un pas lent, et qui aime les promenades de courte haleine; elle le veut peu libertin surtout, et peu coureur. A cet effet, il existe en France plusieurs sortes de chiens : le chien noir avec des taches couleur de feu, le chien couleur de feu avec des taches noires. Sous l'empire, les vieilles femmes avaient trouvé une race de chiens admirables et qui leur convenait parfaitement, le *carlin*, le carlin infect et ennuyeux, criant toujours, têtu, volontaire, délicat. Depuis l'empire, le carlin a complétement disparu de nos mœurs; il a été remplacé par le griffon. C'est un progrès. Au reste, ce n'est pas la première fois que la France perd des races de chiens : le petit chien de marquise au XVIII siècle, tout blanc, tout soyeux, et que relevait si bien un collier en ruban rose, s'est perdu presque complétement parmi nous; les beaux lévriers du temps de François Ier se sont perdus, ou à peu près. Il n'y a, en fait de chiens, que le caniche qui soit imperdable; le caniche est à sa race ce que le gamin de Paris est à la sienne. Toutefois, à la règle générale des caniches il y a des exceptions, qui au reste ne font que prouver la règle, comme toutes les exceptions : plusieurs corps de métiers se distinguent à Paris par le choix de leurs chiens, qui n'appartiennent qu'à eux. Ainsi le boucher se fait suivre ordinairement par une vilaine et sotte espèce de bouledogue tout pelé, qui a l'air de dormir et que nous n'avons pas vu une seule fois en colère, soit dit sans vouloir le chagriner; le cocher de bonne maison se procure comme il peut un griffon anglais tout petit qui suit très-bien les chevaux, et qui a remplacé les grands danois d'autrefois, du temps de J. J. Rousseau, quand il fut renversé par ce chien danois que vous savez. Autrefois, quand les petites voitures étaient permises, il y avait à Paris de gros chiens, de gros dogues qu'on attelait en guise de cheval, et qui portaient avec une ardeur sans pareille leurs légumes au marché. Telles sont à peu près les seules races de chiens usitées dans cette grande capitale du monde civilisé. Vous voyez qu'il est impossible d'être plus pauvre en fait de chiens.

La révolution de Juillet, qui a détruit les chasses royales, a porté un coup fatal aux chiens de chasse : les chiens de Charles X ont été vendus à vil prix, et l'on a vu les chiens du duc de Bourbon hurlant dans les carrefours, après la mort de leur noble maître, comme hurlait le chien de Montargis.

Je ne veux pas, cependant, tout en déplorant notre funeste insouciance, je ne veux pas passer sous silence un marché aux chiens assez curieux, et dans lequel l'affluence est assez grande pour prouver que, si on voulait s'occuper d'améliorer cette belle moitié de l'homme, le chien, on en viendrait facilement à bout. Il existe au faubourg Saint-Germain, vis-à-vis le marché du même nom, une place assez étroite dans laquelle, tous les dimanches, on amène des chiens d'une nature beaucoup supérieure aux chiens du pont Neuf. Ce sont des chiens de toutes sortes : les uns sont élevés par les fermiers pour la chasse, les autres sont élevés par des gardes-chasse pour la basse-cour; le plus grand nombre a été trouvé dans les rues de Paris, et est destiné aux expériences médicales du quartier. J'ai fait plusieurs recherches pour savoir quelle était la profession qui élevait le plus de chiens à Paris, et j'ai découvert, non sans étonnement, que les sacristains de cathédrale étaient ceux qui envoyaient le plus de chiens au marché. Dites-moi, s'il vous plaît, pourquoi?

Outre le marché du faubourg Saint-Germain, vous trouverez encore quelques marchands de chiens sur le boulevard des Capucines, vis-à-vis les Affaires étrangères. C'est là que se vendent les meilleurs chiens courants et les meilleurs bassets, soit dit sans allusion politique et sans esprit.

Cette industrie, toute négligée qu'elle est, fait vivre plusieurs établissements de médecine canine, dans lesquels tous les malades sont disposés avec art et traités avec autant de soins qu'on le ferait dans un hôpital. Le docteur, comme tous les autres, est visible depuis huit heures du matin jusqu'à deux; le reste du temps il va en visite, avec cette seule différence qu'il est le seul médecin que paye le pauvre. Le soir, quand il est rentré, le docteur se délasse de ses travaux de la journée en empaillant quelques-uns de ses malades.

Le nombre des beaux chiens à Paris est fort restreint : on compte deux ou trois beaux chiens de Terre-Neuve, tout au plus cinq ou six bouledogues de forte race. Les plus jolis chiens qui soient en France à l'heure qu'il est ont été apportés de Florence par notre grand poëte M. de Lamartine. C'est à eux que M. de Lamartine, en quittant la France pour l'Orient, a adressé ses derniers vers. Moi qui vous parle, j'ai été trois ans à solliciter du poëte un regard favorable : il m'a enfin donné un de ses chiens ; c'était le plus beau cadeau qu'il pût me faire après ses vers ; et voilà pourquoi, à la place d'un article de genre que j'avais commencé, vous n'avez qu'un article didactique. Je ne comprends pas, en effet, comment on peut parler légèrement de cette amitié de toutes les heures, de tous les jours, de ce dévouement de toute la vie, de ce bonjour du matin, de ce bonsoir de la nuit, de cette famille, de tout ce bonheur domestique qu'on appelle *un chien*.

LE
DINER DE BEETHOVEN

CONTE FANTASTIQUE

En 1819, j'étais à Vienne. Vienne, quoi qu'on dise, est une ville allemande et française, plus française même qu'allemande; ville intelligente, et qui donne aux beaux-arts et aux plaisirs tout le temps que Paris donne à la politique. Vienne, vous le savez, est la ville musicale par excellence; on y sent la musique; l'air est chargé d'accords. Tous les grands musiciens, tous les grands chanteurs, ont passé par Vienne. De là une espèce de bien-être qu'on éprouve sans savoir pourquoi. Mais, le jour dont je vous parle, il se faisait un grand silence dans la ville de

M. de Metternich. Ce jour-là j'errais dans les rues au hasard, attendant l'heure de partir; je devais quitter la ville le même soir.

A l'instant de mon plus grand désœuvrement je vis passer un homme dans la rue, un de ces hommes qu'on voit tout de suite, même dans la foule. La foule elle-même les voit et les remarque; par je ne sais quel admirable instinct, elle se range contre la muraille pour les laisser passer, elle les salue du regard et de l'âme; elle les respecte sans savoir leurs noms, elle les reconnaît tout d'abord sans les avoir jamais vus.

Toutefois, en le voyant, il était difficile de ne pas deviner que c'était un homme au-dessus des autres. Je le vois encore : il avait une grosse tête touffue; de longs cheveux, moitié gris, moitié noirs, chargeaient sa tête et tombaient par flocons de côté et d'autre; sa tête en était toute couverte; on eût dit, à les voir hérissés pêle-mêle, en désordre, la crinière d'un lion, et sous cette crinière brillait un petit œil fauve dont le regard se mariait merveilleusement avec un sourire sardonique et singulièrement spirituel. Cet homme marchait à pas inégaux, tantôt vite, tantôt lentement; il regardait et souriait de côté et d'autre; mais son regard était distrait, mais son sourire était amer, mais on voyait que c'était déjà un homme hors du monde réel, si tant est qu'il y eût jamais été. A la vue de cet homme je me sentis tout de suite intéressé et presque ému. Malgré moi je voulus savoir qui il était, et je le suivis. Après bien des allées et bien des venues, bien des tours et des détours, il entra chez le marchand de musique de la rue Kohlmarkt. Le marchand le reçut avec beaucoup de politesse; il lui offrit un siége d'un air très-empressé, mais l'inconnu resta debout. Je ne pouvais pas l'entendre, mais je le voyais à travers les glaces transparentes du magasin. Sa manière de converser était étrange : il parlait, son interlocuteur écrivait. Je jugeai que mon inconnu était sourd. Tout à coup il prit un air plus préoccupé que d'habitude, et, se tournant vers la porte du magasin, il frappa avec ses doigts en cadence sur la glace où mes regards étaient fixés. Me vit-il, ne me vit-il pas, je l'ignore : le fait est qu'il étendit sur moi sa grosse main, et que je me sentis comme écrasé sous les doigts puissants de cet homme. Comme il n'avait pas pris garde à moi, je ne pris pas garde à lui. Il se mit à battre je ne sais quelle symphonie sur le carreau de la porte : c'était lent, c'était rapide; tantôt il s'arrêtait pour chercher une idée, et alors ses doigts s'arrêtaient; tantôt l'idée lui venait rapide, abondante, et alors ses doigts voltigeaient çà et là sur la vitre résonnante comme ils auraient fait sur le clavier. Évidemment cet homme composait quelque chose de grand et de beau. Alors, tout en composant, son regard s'animait, ses cheveux se dressaient sur son front, son sourire redevenait mélancolique, sa figure était satisfaite; ce pauvre grand homme était heureux.

Il resta bien ainsi un grand quart d'heure; après quoi il se retourna, et il fit un signe au maître de la maison. Aussitôt une jolie petite fille tout à fait allemande, chaste regard allemand, honnête sourire allemand, fraîcheur allemande, s'approcha de l'homme et plaça devant lui une plume et du papier de musique. Alors je le vis écrire couramment. Sans doute il écrivit ce qu'il venait de composer sur la vitre du magasin. Il écrivit sans prendre haleine, et quand il eut fini, il tendit au marchand son papier sans le lire. Le marchand lui donna une pièce d'or en retour.

Voilà mon homme qui sort du magasin. A peine sorti, il reprit son air fauve et moqueur; cependant son pas était plus léger. Ce matin-là j'étais en train de divinations : je devinai que notre homme allait à la taverne, comme j'avais deviné tout à l'heure que c'était un musicien. Il y a des gens qui trouveront que la taverne était la conséquence de la musique, mais aussi il y a des gens qui ne sont jamais contents.

Donc il alla d'un pas joyeux à cette hôtellerie enfumée qui a pour enseigne *le Chat qui file*. On dit que le chat a été dessiné par Hoffmann sur la propre figure du chat Murr, auquel Hoffmann a donné, ainsi qu'à l'auberge, une si grande célébrité.

Ce jour-là, jour de vendredi, l'auberge était déserte ; la grande salle même était silencieuse, les fourneaux étaient éteints ; et la maîtresse du logis, en bonne ménagère allemande, était occupée à faire reluire sa vaisselle de cuivre, à donner à ses plats d'étain tout l'éclat et tout le poli qu'on donnerait à des plats d'argent. Vous pensez bien que le moment était mal choisi pour venir demander à la bonne dame une de ces excellentes fabrications culinaires qui en ont fait la reine de tous les mangeurs et de tous les ivrognes de son temps. Cependant, comme notre homme était en fonds, il s'avança hardiment, et il demanda sans trop de cérémonie un morceau de veau tout chaud (*ein kalbernes*).

« Je n'ai pas de veau tout chaud, » dit l'hôtesse du *Chat qui file*. Et en même temps elle frottait toujours ses plats d'étain.

« En ce cas, dit l'inconnu, donnez-moi un morceau de veau tout froid.

— Je n'ai pas de morceau de veau tout froid, dit l'hôtesse du *Chat qui file*.

— Au diable! » s'écria l'homme. Et il se retira triste et désappointé. Son désappointement me fit peine, et je le vis s'éloigner avec un profond sentiment de chagrin. Quand je l'eus perdu de vue, j'entrai dans l'auberge. Je tirai humblement mon chapeau, et, parlant avec le plus profond respect :

« Madame, dis-je à l'hôtesse, pourriez-vous me dire comment s'appelle cet homme, qui il est et où il demeure, s'il vous plaît? »

La dame, m'entendant parler d'un ton si poli, quitta un instant son pot d'étain, et, me gratifiant du sourire le plus aimable qu'elle put trouver dans sa bouche édentée :

« Monsieur, me dit-elle, vous êtes bien honnête. Cet homme, c'est une espèce de musicien, mangeur et ivrogne, un ami d'Hoffmann, un autre ivrogne, qui est mort. Je connais beaucoup sa domestique, qui s'appelle Marthe; elle demeure là-bas, à cette petite maison à gauche, à côté du marchand de laine; je crois qu'il s'appelle Beethoven. »

A ce grand nom je sentis mon cœur se briser dans ma poitrine. C'était là Beethoven ! L'hôtesse du *Chat qui file*, me voyant pâlir, s'imagina que je me trouvais mal.

Elle se leva sur-le-champ, elle remit brusquement sur la table le pot d'étain qu'elle tenait à la main, elle vint à moi plus empressée et plus inquiète que si j'avais été Beethoven.

« Mon Dieu! Monsieur, qu'avez-vous? me dit-elle, et comment peut-on vous secourir, Monsieur? »

Cependant je m'étais remis quelque peu.

« Madame, lui dis-je, au nom de l'hospitalité allemande, je vous demande un grand service, s'il vous plaît! »

Puis, comme elle me regardait avec des yeux étonnés :

« Madame, lui dis-je, oui, Madame, si vous êtes bonne et charitable, vous mettrez sur-le-champ un morceau de veau à la broche, tout de suite, Madame! je ne sors pas d'ici avant d'avoir mon rôti entre les mains.

— Chut! Monsieur, me dit l'hôtesse en me montrant du doigt le four qui était allumé : votre affaire est là, vous l'aurez dans un instant. »

En même temps elle appelait sa domestique, qui donnait à manger aux canards de la basse-cour.

La domestique arriva et ouvrit le four : une délicieuse odeur de viande rôtie s'exhala dans la vaste cuisine. Comme son odorat eût été agréablement réjoui, à lui, le pauvre sourd! Cependant l'hôtesse préparait elle-même mon rôti de veau sur un grand plat.

« Et pourquoi, lui dis-je, n'avez-vous pas voulu tout à l'heure donner à ce pauvre diable de Beethoven le morceau de veau qu'il vous demandait?

— Monsieur, dit l'hôtesse, cet homme est un dissipateur qui mange tout, un gourmand qui veut de la viande tous les jours. A peine a-t-il de l'argent qu'il me l'apporte. J'en reçois le moins que je puis, par pitié pour lui, ce pauvre homme; et d'ailleurs je l'ai bien promis à sa gouvernante, Monsieur.

— Pauvre Beethoven! pauvre grand homme, malheureux noble artiste! ambitieux qui veut manger du rôti chaud ou froid tous les jours!

— Madame, repris-je, quel est le vin de Beethoven?

— Dame! Monsieur, dit l'hôtesse, je n'en sais rien. Ces gens-là boivent de tous les vins, et, pourvu que ce soit du vin, peu leur importe ce qu'ils boivent. Je crois cependant que, s'il avait une bouteille de mon vieux vin du Rhin, il ne ferait pas le difficile, voyez-vous!

— Donnez-moi deux bouteilles de vin du Rhin, et de votre meilleur, dis-je à l'hôtesse : ce ne serait pas trop bon pour ce que j'en veux faire quand ce serait du vin de M. de Metternich. »

A ce nom redouté l'hôtesse, comme si elle ne m'avait pas entendu, ouvrit, à côté de la porte d'entrée, un certain caveau dans lequel elle descendit. L'instant d'après elle revint avec deux vieilles bouteilles toutes poudreuses, toutes noires, tout habillées d'un habit de soie filée par quelque vieille araignée séculaire.

« Bon ! me dis-je, voilà de quoi réjouir Beethoven !

— Monsieur veut-il qu'on lui porte tout cela ? » me dit l'hôtesse.

Je la payai sans lui répondre. Je mis mes deux bouteilles dans mes poches de côté ; je pris le plat de rôti entre mes deux mains, et je sortis dans la rue aussi fier que si j'avais reçu le grand cordon de l'ordre de Prusse.

Et en chemin je me disais : « Non, je ne céderai pas à un autre l'honneur de servir Beethoven ! non, je ne rougirai pas d'une action qui m'honore ! non, je ne renoncerai pas à l'honneur de charger sa table et d'aller lui dire, une serviette sous le bras : « Monseigneur le roi de l'harmonie, Votre Majesté « est servie ! »

D'ordinaire j'ai peu la mémoire des lieux, je suis un homme distrait, et mon imagination vagabonde sait aussi peu reconnaître le logis des autres que son propre logis ; mais cette fois le nom de Beethoven m'avait tellement frappé qu'il s'était inscrit sur la porte de sa maison en caractères de feu ; et c'était, si vous vous en souvenez, cette petite maison là-bas, à porte carrée, à fenêtres étroites, cachée même en plein jour, solitaire au milieu des autres; honnête et pauvre maison d'un aspect à la fois décent et misérable, ce qui est aussi rare pour une maison que pour une femme, par exemple. Je fus bientôt arrivé à la maison de Beethoven.

Beethoven demeure au premier étage, c'est le seul luxe qu'il se permette; sa porte est toute garnie de clous à grosse tête, qui lui donnent au premier abord une apparence assez formidable; mais ces clous sont inutiles pour la défense de la maison : la serrure est mal attachée; et d'ailleurs la porte est plus souvent ouverte qu'elle n'est fermée; si bien qu'en la poussant du pied elle s'ouvrit. J'entrai. Il n'y avait dans l'antichambre qu'une table recouverte d'une serviette de grosse toile, un serin qui chantait joyeusement dans sa cage, et sur un tabouret un gros chat qui regardait la table encore froide en poussant de temps à autre le miaulement d'un chat plutôt désœuvré qu'affamé. C'étaient la table, le chat et le serin de Beethoven !

Je plaçai sur la table mon plat couvert et mes deux vieilles bouteilles; je caressai le chat, qui me fit le gros dos, et je saluai le serin, qui continua sa période commencée sans faire plus attention à moi que n'en avait fait son maître dans le magasin de l'éditeur.

Sur ces entrefaites la gouvernante de Beethoven entra.

Elle ne parut pas plus étonnée à ma vue que le chat ou le serin; seulement elle me dit :

« Vous ne pouvez pas le voir aujourd'hui : il est dans sa chambre; il est si triste qu'il ne veut pas dîner. »

En même temps, et sans attendre ma réponse, elle m'ouvrit la chambre de Beethoven : j'entrai.

Il était assis à sa fenêtre; il regardait attentivement un bel œillet qu'il avait planté; une myriade de petits insectes verts dévoraient son bel œillet; il les arrachait avec les plus grandes précautions. Au reste, cet œillet n'était pas seul sur sa fenêtre : de longues capucines avaient grimpé jusqu'au sommet, et leurs feuilles d'un vert mat formaient la plus agréable jalousie contre les ardeurs du soleil.

Vous savez qu'il est sourd : il ne m'entendit pas venir. Il y avait sur sa table de quoi écrire, j'écrivis :

« Je vous ai apporté du veau chaud et du vin
« du Rhin : dînons. »

Je lui tendis le papier.

Il acheva de délivrer son œillet des petits insectes verts, puis il lut mon papier.

Alors soudain vous eussiez vu son œil s'animer, son sourire reparaître.

« Soyez le bienvenu, me dit-il, soyez le bienvenu ! Vous êtes un Français, c'est bien. Faites-moi l'honneur de dîner avec moi ! »

En même temps il s'écriait :

« Marthe ! mettez le couvert de monsieur. »

Puis il revint à moi.

« Vous avez bien fait de venir, me dit-il : j'étais bien triste. Il n'y a que la campagne qui me soit heureuse, la ville me tue ; j'étouffe ici ; j'entends toutes sortes de bruits étranges, mais moi je ne puis pas m'entendre chanter. C'est être bien misérable, n'est-ce pas ? »

Et comme il me vit tout stupéfait :

« Oh ! dit-il les larmes aux yeux, c'est que je suis bien seul, tout seul ; personne ne me parle, personne ne demande ce que devient le pauvre vieux Beethoven ; moi-même je ne sais plus comment je m'appelle et qui je suis. Autrefois j'étais le maître d'un monde, je commandais au plus puissant orchestre invisible qui ait jamais rempli les airs ; je prêtais l'oreille nuit et jour à de ravissantes symphonies dont j'étais à la fois l'auteur, l'orchestre, le chanteur, le juge, le roi, le dieu ; ma vie était un concert perpétuel, une symphonie sans fin. En ce temps-là, quelles ravissantes extases ! quel emportement lyrique! quelles voix mystérieuses et saintes! quel immense archet qui partait de la terre pour toucher le ciel! Tout cela avait un écho dans mon âme; mon âme recevait alors les moindres sons venus de l'air ou de la terre : le chant des oiseaux, le bruit du vent, le murmure de l'eau, les soupirs de la brise dans la nuit, le balancement du peuplier dans le ciel, la gaieté familière du passereau, l'actif bourdonnement des abeilles, le plaintif murmure du grillon au foyer domestique, c'étaient là autant d'harmonies pour moi, qui les recevais toutes dans mon cœur, dans mon âme, pour moi qui vivais de bruit, de rêves, de silence, de soupirs, d'extases, d'amitié, d'amours, de poésie! Mais, hélas! un beau matin tout s'est enfui! un beau matin, adieu mes visions! adieu mes chanteurs admirables! adieu mon orgue tout-puissant! adieu mes harpes saintes touchées par la main des anges! adieu les bruits de la terre et du ciel! adieu aussi le silence! adieu tout! J'ai perdu plus que Milton, qui n'a perdu que la vue et qui a gardé sa poésie : j'ai perdu ma poésie, j'ai perdu mon univers; je suis un pauvre exilé du domaine de l'harmonie à présent. Pauvre homme, pauvre homme que je suis! me voilà sur le bord de ma tombe chantant ma messe des morts! Mais vous dites donc que vous m'avez apporté deux bouteilles de vin du Rhin et un morceau de veau rôti, Monsieur? »

Sa gouvernante nous fit signe que nous étions servis.

Il me prit galamment par la main, il me fit entrer le premier dans sa petite salle à manger. Il n'y avait que deux couverts sur la table : sa gouvernante, sans doute jalouse de la considération de son maître, m'avait cédé sa place à table, et elle nous servait.

Le repas fut gai du côté de Beethoven : il y mit tant de verve et d'esprit, il parla si bien et avec tant de plaisir, que j'eus bientôt oublié l'infirmité dont tout à l'heure il était si triste. Beethoven était un de ces vieillards qui ont vécu toute leur vie d'une seule idée. Une grande idée suffit à l'existence de ces hommes à part; elle les absorbe, elle est toute leur joie, elle est tout leur chagrin, elle est tout leur passé, tout leur présent; elle grandit avec eux, elle s'affaiblit avec eux, et quand l'idée est épuisée l'homme est mort.

Le vieux vin du Rhin avait si fort ranimé Beethoven qu'à la fin du repas il se leva brusquement et passa dans sa chambre.

« Je veux, me dit-il, vous montrer que le vieux Beethoven n'est pas si sourd qu'on le prétend. Ce sont les hommes qui ne m'entendent plus, mais moi je m'entends encore. Jugez plutôt. » En même temps il se mit à son piano.

Ce piano est un admirable instrument de Broadwood de Londres. C'était un présent que MM. Cramer, Kalkbrenner, Clementi, Ries, etc., avaient envoyé d'Angleterre à l'Homère musical. Beethoven, négligé qu'il était, méconnu et presque oublié qu'il se croyait, avait été fort sensible à cet excellent souvenir de ces grands artistes, reconnaissance presque posthume qui fait un honneur égal à leur talent et à leur cœur. Il se plaça donc à son piano, et là tout à coup il se mit à exécuter une symphonie de sa composition. Juste ciel! le piano était faux à faire crier le vieux chat! Beethoven frappait sur ce piano comme un sourd. Non, jamais sons plus criards, non, jamais harmonie plus funeste, non, jamais symphonie plus discordante ne vinrent déchirer mes oreilles. Pour lui, tout entier à son enthousiasme de l'heure présente, heureux et fier d'avoir enfin un auditeur, un auditeur, lui, Beethoven, il poursuivait sa symphonie commencée; il se perdait dans les plus douces extases, il frémissait, il pleurait, il souriait, il était hors de lui. Moi je tenais mes regards baissés; j'aurais voulu me boucher les oreilles, j'aurais voulu m'enfuir. Eh bien! nous étions lui et moi dans le vrai : moi j'étais sur la terre, j'assistais au plus abominable charivari qu'on pût entendre; lui, il était dans le ciel, il entendait la musique de Beethoven!

A la fin mon supplice finit, sa joie finit; il se releva harassé, mais bien heureux.

« N'est-ce pas, me dit-il, n'est-ce pas que cela est beau encore? n'est-ce pas que le vieux Beethoven a encore du bon sang dans les veines? N'est-ce pas que c'est là de la musique, et que j'ai été moi encore une heure? Ah! ils ont beau dire : *Pauvre Beethoven! malheureux Beethoven!* le pauvre malheureux Beethoven est encore le seul musicien de l'Allemagne! N'est-ce pas, mon très-cher, que j'ai raison? »

En même temps il me pressait de ses grosses mains, il m'approchait de sa large poitrine, il me mouillait d'une grosse larme. Je répondis de mon mieux à ses caresses. Bon et digne Beethoven!

Puis il me dit :

« Il faut que je vous donne quelque chose, vous emporterez quelque chose de moi, un chant tout neuf, quelque chose pour vous, pour vous seul. »

En même temps, il quitta son piano et s'approcha de sa fenêtre : il se mit à battre la vitre de sa main droite comme il avait fait chez le marchand de musique; il s'écoutait au dedans, il composait.

Et il me remit ce morceau que j'ai encore, qu'il a touché de ses mains, qu'il a composé avec son génie, et dont je vous livrerai une copie, afin de donner à ce récit toute l'authenticité dont il a besoin.

Je quittai ce digne vieillard rempli d'admiration et de pitié, je le quittai pénétré de respect, honteux pour l'Allemagne et pour l'Europe de la misère et de l'abandon où je le voyais. Pour lui, il avait passé une bonne journée ; il avait mangé du veau rôti, il avait bu du vin du Rhin, il avait exécuté sa musique sur son piano. Il m'accompagna jusqu'à sa porte, il me regarda descendre, et, quand je fus au bas de l'escalier, il me cria de sa grosse voix :

« Adieu ! adieu ! bon voyage ! Aimez-moi ! pensez à moi ! Votre vin du Rhin était excellent, et votre rôti était cuit à point, mon ami ! »

LA
VALLÉE DE BIÈVRE

Nous étions quatre amis dans la vallée de Bièvre. La vallée est entourée de bois et de prairies, les eaux sont cachées sous les arbres penchés, le soleil jette sur ces arbres, sur ces eaux, sur ce gazon, une lumière tout à fait élyséenne. On n'entend de là aucun bruit de la ville, aucune voix des hommes, aucune passion mauvaise; la vie va toute seule sous ces ombrages, et la plus grande agitation qui se rencontre en ces beaux lieux, c'est le mouvement du lac légèrement effleuré par l'aile de l'hirondelle qui jette son joyeux petit cri sans songer à l'heure du départ.

Comme je vous le dis, nous étions dans cette vallée, nous tous, et très-heureux. Naturellement, et tant nous étions heureux, nous gardions le silence, jouissant de notre béatitude à pleine âme et regardant de côté et d'autre, de temps en temps, pour voir si Paris ne venait pas nous distraire, nous chercher là où nous étions si bien et si tremblants d'être dérangés. Il y a des pressentiments qui ne trompent pas. Au plus fort de notre recueillement, quelqu'un vint de Paris ou plutôt tout Paris nous vint dans la voiture de quelqu'un : un de ces premiers venus très-aimables sur le boulevard de Gand comme au foyer de l'Opéra, un des héros du Paris futile, traîné par un beau cheval, portant un bel habit et un visage serein, jeune homme d'une gaieté toute parisienne, d'une conversation parisienne aussi, malheureusement pour lui et pour nous; très-bon jeune homme au fond, spirituel, obligeant, affable, amusant, élégant dans ses manières et dans son langage, homme d'une grande fortune et d'un beau nom, ce qui ne gâte jamais rien, même dans les pays le plus constitutionnels; homme d'une opposition sceptique et moqueuse, c'est-à-dire homme de toutes les oppositions; un homme parfait, en un mot, parfait à Paris, j'entends, digne d'estime, de respect, d'admiration, de tout ce que vous voudrez à Paris; mais, hors

Paris, insipide, ennuyeux, absurde, véritable animal sorti de son élément, qui marche et qui parle au hasard, sans savoir ni ce qu'il fait ni ce qu'il dit; un être insupportable, en un mot, aussi déplacé dans notre belle vallée que tu le serais toi-même, mon digne Renaud, si tu quittais les légumes de ton jardin et Marguerite ta ménagère pour t'asseoir sur le sofa de Mlle Taglioni.

Nous autres qui étions là, humant l'air, et le soleil et l'ombre, et le bruit des oiseaux et le chant du coq, et tout ce que l'homme peut saisir par les sens, par l'ouïe, par l'âme, par le cœur, par tous les pores, nous fûmes réveillés en sursaut par le bruit de la grille qui tournait sur ses gonds, par les pas du cheval qui arrivait au galop. Nous nous sentîmes pris comme dans un filet, et ce fut alors qui de nous tournerait la tête le dernier pour savoir comment s'appelait cette oisiveté parisienne qui nous arrivait justement avant le déjeuner.

Notre oisif, ou, si vous aimez mieux, notre Parisien, vint à nous d'un air très-occupé, et, nous voyant silencieux et béants, couchés sur la terre dans toutes sortes d'attitudes, il s'imagina que nous étions dans un moment d'ennui, et ce fut là notre plus grand malheur; car, dans cette croyance, il voulut à toute force nous distraire, et il se monta au ton de la plus ennuyeuse gaieté.

« Bonjour, Arthur, dit-il; bonjour, Antoine; bonjour, Gabriel; bonjour, Messieurs; bonjour à vous tous. Vous avez de singulières figures; on vous prendrait pour des idylles du temps de M. de Florian. Ma foi, en fait de campagne, vive la ville!

« A la ville, on va, on vient, on s'éclabousse, on se parle, on se coudoie, on se heurte, on a toujours quelque chose à dire, à voir et à faire. Quand on est fatigué, on prend une chaise sur le boulevard et on voit passer le monde; on s'occupe de chevaux, de femmes, de tableaux et de livres, puisque c'est la mode; enfin et en un mot, on vit très-vite à la ville; chaque journée de vingt-quatre heures n'a que cinq heures. En dernier résultat, tout vous sert de spectacle et de maintien, même la Bourse et le Palais de justice. » Disant ces mots, il fut s'asseoir sur un banc au pied duquel nous étions tous couchés, de sorte qu'il nous parla de haut en bas, ce qui est la position la plus difficile que je sache pour un conteur. Comme, en résultat, notre ennuyeux dans la vallée est à Paris un homme amusant, serviable, honnête et bon, un homme qui vaut la peine qu'on l'aime et que nous aimons tous au fond de l'âme, nous fûmes honteux, notre premier mouvement d'humeur passé, non pas de l'avoir mal reçu, mais d'avoir eu l'intention de le mal recevoir. Chacun de nous s'en voulut dans le fond du cœur de ce fugitif moment d'égoïsme dont il aurait été bien empêché de donner une raison plausible. Aussi, quand il nous eut dit bonjour à tous, chacun de nous se hâta de lui rendre son bonjour, et au silence qui régnait tout à l'heure sur la terrasse où nous étions succéda une conversation presque générale, tant nous avions envie de faire honneur au nouveau venu! Il y a deux sortes de conversations (il y en a peut-être de plus de deux sortes, mais ceci nous mènerait trop loin), la conversation qui dure, qui commence tout bas, qui finit tout haut, qui va le pas d'abord et le galop ensuite, et la conversation d'un moment, qui s'empresse de jeter tout son feu, toute sa fougue, et qui redevient silence l'instant d'après. C'est ainsi que commença notre conversation générale. Nous voulions faire une politesse au nouveau venu, et rien de plus. Quoique réunis, nous étions avides de silence, parce qu'à la campagne, quand on en est vraiment avide et qu'on n'en jouit pas souvent, le silence est aussi nécessaire que l'air, l'ombre, l'eau, le bruit des saules au-dessus de nos têtes. Nous espérions donc peu à peu voir le silence revenir; mais ce n'était pas le compte de notre Parisien maudit. Il arrivait tout gonflé d'anecdotes, tout bourré d'histoires de toutes sortes;

il en était confit, il en était truffé, il en avait une de ces indigestions contagieuses, véritable maladie venue des Grandes-Indes et qu'on ne saurait redouter avec trop de soin quand on est heureux et tranquille quelque part. Il fit donc avec nous le rouet pendant une heure au moins. A la fin, le voyant obstiné à raconter toujours, et voulant le faire taire à tout prix, nous prîmes un parti désespéré, nous résolûmes, sans nous rien dire, de ne pas nous laisser assassiner d'histoires sans répondre à notre tour par d'autres histoires; nous voulûmes nous battre à armes égales, et, par ma foi, puisque nous étions réveillés enfin d'une manière si odieuse, nous nous mîmes à torturer notre conteur à notre tour. Ce fut Arthur qui le premier provoqua Gabriel.

« A propos de soirée, dit-il à Gabriel, tu ne nous as pas raconté, Gabriel, ton aventure de jeudi passé, rue de Rivoli, à cet élégant troisième étage où tu nous conduisis avec un air si réservé et si mystérieux. » Gabriel comprit Arthur au premier mot. « Bon! dit-il, tu étais à ce bal aussi bien que moi, Arthur, et tu sais bien ce qui s'y est passé.

— Oh! dit Arthur, tu vois de bien plus belles choses que moi, Gabriel. Ta nature de bal et ma nature de bal sont deux natures bien différentes. Moi, j'arrive au bal en inspiré, en vrai hussard. A peine entré, l'odeur des femmes me monte à la tête et au cœur, le bruit de la danse m'étourdit, le frottement de la valse m'enivre, les cris aigus de ces souliers de satin m'agacent les nerfs comme le son d'un harmonica. Oh! moi, je suis étourdi par le bal, je suffoque dans le bal, je ne vois rien dans le bal; c'est un nuage de toutes les couleurs, c'est un murmure de tous les bruits, c'est une fusion de toutes les nuances, c'est un enchantement qui touche à tous les extrêmes. Au bal, je ne suis ni acteur ni spectateur, je ne vois ni n'entends; je ne marche pas, je suis porté, je rêve! Mais toi, c'est bien différent, mon fils; toi, quand tu es au bal, tu observes, tu écoutes, tu regardes, tu es de sang-froid, et, qui plus est, tu es sans passion; toi, tu te places dans un coin, sous quelque tableau de ton choix, vis-à-vis le reflet d'une glace, et là, tu te fais le roi de la fête, tu te nommes de ton plein pouvoir le souverain de la fête. Tout ce monde qui s'agite, c'est pour toi qu'il s'agite; tout ce monde qui s'amuse, c'est pour toi qu'il s'amuse; toutes ces femmes parées, c'est pour toi qu'elles sont parées; tout ce bruit, tout ce luxe, toutes ces fêtes, toute cette pompe, c'est pour toi; c'est pour toi la robe blanche et ce bouquet de fleurs, et l'air virginal, et le regard baissé, et les cheveux flottants, et le sein qui bat, c'est pour toi. C'est pour toi que ce monde d'heureux a dit au sommeil de la nuit, fidèle au rendez-vous de chaque nuit : « Va-t'en, sommeil, et reviens demain, à midi ! » Et le sommeil, docile pour toi, s'en va, sauf à ne pas revenir demain. Tout cela pour toi, en effet : car toi, tu en jouis ; car toi, tu vois tout. Si cette femme est blanche, si ce sein est jeune, si ces beaux cheveux sont à elle, si cette rose est flétrie, si cet air virginal est naïf, si ce sourire est vrai, si cette joie est vraie, tu sais tout cela, toi, à coup sûr ; tu le sais, tu le vois, tu le sens, toi plus jeune que moi, toi si jeune ! Raconte-moi donc, mon enfant, ce qui s'est passé au bal où tu m'as conduit jeudi. »

Gabriel, à ce discours, se releva à demi, et, s'appuyant sur son coude : « A quelle heure es-tu sorti de ce bal, Arthur ?

— Je ne sais pas, dit Arthur, mais il était matin quand je suis parti. Les heures s'envolaient l'une après l'autre dans leur costume de danseuse ; une de ces belles heures, surprise par l'aurore, m'a tendu ses doigts de rose, couverts d'un gant, et elle m'a dit : « Ramenez-moi à ma voiture, voulez-vous ? » et je l'ai ramenée à sa voiture, et elle m'a dit adieu avec un sourire, et c'est là tout ce que je sais de ce bal.

— Eh bien ! tu es très-heureux, cher Arthur, dit Gabriel, de tomber toujours sur des heures qui ont leur équipage à la porte. Pour toi, Apollon est un dieu complaisant qui ne craint pas d'arrêter son char à la porte cochère et d'attendre comme un cocher de fiacre. Moi, je suis moins heureux que toi, je tombe souvent sur des heures qui vont à pied, et le soir même dont tu me parles j'en ai reconduit une à pied, bras dessus, bras dessous, dans les rues de Paris : c'est un très-singulier hasard. »

A mesure que nos deux jeunes gens racontaient leur hisotire, je remarquai que notre Parisien écoutait profondément ; évidemment il s'engluait malgré lui dans l'intérêt du récit d'Arthur et de Gabriel.

« Et comment donc, Gabriel, avez-vous reconduit chez elle dans les rues cette belle heure, le matin dont vous parlez ?

— Mais, dit Gabriel, la chose a été toute simple. Le matin venu et Arthur parti, j'allais partir aussi, quand je vis une grande dame italienne avec laquelle tu as dansé, Arthur, qui s'enveloppait dans son manteau. C'était une belle et grande personne, aussi Espagnole qu'Italienne pour le moins, toute noire : œil, teint, cheveux ; vive et résolue. Elle descendit quand elle eut mis son manteau, elle descendit toute seule les trois étages, puis elle se mit à marcher à grands pas dans la rue, toute seule, et moi je lui offris mon bras sans rien dire, et elle accepta sans rien dire, et voilà tout.

— Et voilà tout? dit le Parisien.

— Voilà tout, dit l'autre.

— C'est étrange », dit le Parisien.

Alors la conversation tomba. Cette fois nous espérions que le silence après lequel nous courions tous allait durer une heure au moins, et déjà nous nous blottissions sous ce bon silence, comme on se tapit délicieusement sous un bosquet d'aubépines en fleurs; mais ce n'était pas le compte de notre Parisien.

Notre Parisien voulait parler à toute force, il croyait qu'il était de son honneur et de sa politesse de parler : pour lui, raconter des histoires était un devoir auquel il ne pouvait manquer sans déshonneur; il avait pris à tâche de soutenir la conversation envers et contre tous; et, malgré l'admirable retenue de nos amis pour arriver à une conclusion silencieuse, le Parisien reprit la conversation en ces termes :

« Savez-vous, Messieurs, que le marquis de Nhérac est mort? »

Personne ne répondit. Arthur ferma les yeux à demi, regardant Gabriel en dessous. Le Parisien, baissant la tête, nous regarda tous, et, à moins de vouloir l'insulter, son regard plus encore que sa question demandait une réponse absolument.

« Quel marquis de Nhérac? » demanda Moncalm, qui était blotti derrière un vieux chêne de cent cinquante ans.

En voyant Moncalm sortir de derrière son chêne, lui dont personne ne soupçonnait la présence en ce lieu, j'admirai l'imprudence de Moncalm, tout en avouant, à part moi, que c'était un homme très-poli.

Mais ce n'était ni imprudence ni politesse de la part de Moncalm; il était sorti de son repos par la seule raison qui fait qu'un homme sort de son repos : la passion.

Moncalm était un grand amateur de livres; il était avide d'acheter de beaux livres, comme un autre à sa place eût été avide d'en faire. C'était un homme grand et beau, d'un sourire charmant.

« Quel marquis de Nhérac? dit-il; ne s'appelle-t-il pas Nhérac de Montorgueil? Et si c'est lui qui est mort, que devient sa bibliothèque, et qu'a-t-on fait de son bel exemplaire in-4° d'*Isaïe le Triste*, relié par Thouvenin? »

L'intervention de Moncalm et sa question faite d'un ton si sérieux déjoua tous nos projets : nous entrions, malgré nous, dans ces désespérantes conversations de la ville, que nous avions voulu éviter à tout prix. Nous étions à peu près couchés sur la terre; nous nous relevâmes à demi, et la conversation allait commencer tout de bon entre Moncalm et le Parisien, si je n'étais pas intervenu.

« Vous avez raison, Moncalm, lui dis-je, c'est vraiment le marquis Nhérac de Montorgueil qui est mort, ce petit vieillard avec qui nous avons passé de si délicieux moments chez Techener; un homme très-estimé de Crozet, et à qui Thouvenin ne faisait pas attendre ses reliures plus de dix-huit mois : c'est bien le même marquis Nhérac de Montorgueil.

— Et qu'est devenu son exemplaire d'*Isaïe le Triste?* demandait toujours Moncalm.

— Il est entre les mains de ses héritiers, probablement », lui dis-je; et je crus que la conversation allait se terminer là.

Mais ce damné Moncalm, une fois à cheval sur sa passion, ne s'arrête pas si vite. Si Moncalm ne s'était pas trouvé là pour répondre à la question du Parisien, bien certainement nous serions, nous tous, venus à bout de nos désirs; mais le moyen d'empêcher Moncalm de répondre au Parisien, et le Parisien d'interroger Moncalm? Cependant il y eut là un moment de silence qui dura bien cinq minutes, pendant lequel nous fûmes tous entre la vie et la mort de la conversation, espérant bien que ces deux messieurs allaient ne plus parler.

Vains efforts! vain espoir! Après ces cinq minutes de silence, les plus difficiles de toutes à obtenir, au moment où tous les yeux, les yeux mêmes du Parisien, se portaient mollement et vaguement sur tous les points de vue de l'admirable vallée :

« C'était un singulier corps que ce marquis de Nhérac de Montorgueil », reprit Moncalm.

Il n'en fallut pas plus que cela pour réveiller tout à fait le Parisien ; rien de ce qu'il avait sous les yeux, ni les saules qui s'avancent sur l'eau, ni les platanes qui poussent, ni la maison blanche là-haut, qui fait un si délicieux point de vue avec son portique de quatre colonnes, ni les aqueducs de Bade, là-bas, qui se cachent à demi sous les peupliers jaloux, rien, rien ne put retenir une nouvelle question du Parisien, placée qu'elle était sur les lèvres de cet homme comme un pot de fleurs sur les fenêtres d'une grisette, sans garde-fous.

« Vous avez donc beaucoup connu le marquis de Nhérac de Montorgueil ? demanda le Parisien.

— Si je l'ai connu ! reprit l'autre ; il n'y a pas trois semaines encore, nous étions, lui et moi, chez Sylvestre, à une belle vente. Ma foi, j'avais une bonne place à la table. Quand le marquis vint, je lui fis place, et là tous les deux, dans une muette contemplation, nous vîmes passer sous nos yeux des chefs-d'œuvre, des livres admirables, Messieurs, jusqu'à faire pleurer de joie. Le marquis achetait d'un ton ferme, sans balancer, comme un homme qui est riche et qui s'y connaît ; moi, triste et pensif, je voyais les plus beaux livres passer devant moi et s'en aller dans les mains des autres : mon cœur se brisait dans ma poitrine, je n'avais jamais été si humilié de ma vie de ma malheureuse pauvreté. Je poussais de profonds soupirs, hélas !

« Qu'avez-vous? me dit le marquis. Vous n'achetez pas ces *Lettres provinciales,* Moncalm? C'est un beau livre, sur ma parole, et qui vous convient parfaitement. »

Je ne pus que répondre par un profond soupir.

« Vous êtes malade, Moncalm? me dit le marquis. Donnez-moi le bras, et sortons. » Il sortit, non sans donner ses ordres au libraire chargé de la vente, et, quand nous fûmes dans la rue des Bons-Enfants : « Voyons, me dit-il, qu'avez-vous?

— Hélas! répondis-je, Monsieur le marquis, je n'ai pas d'argent, et cette vente me tue; car, en vérité, ces *Lettres provinciales,* c'était un beau livre!

— Vous n'avez pas d'argent, vous, Moncalm! un homme qui se connaît en livres comme vous! c'est bizarre. Voulez-vous cinquante mille francs?

— Et vous avez pris les cinquante mille francs? demanda le Parisien.

— Monsieur! dit Moncalm, je n'ai jamais emprunté l'argent que je ne pouvais pas rendre; seulement j'ai dit au marquis : « Prêtez-moi votre « exemplaire d'*Isaïe le Triste*, s'il vous plaît ! »

Ici la conversation tomba encore une fois. Le Parisien, qui ne doutait de rien, se crut parfaitement éclairé et ne demanda pas le reste de l'histoire; moi, qui pour savoir le reste de l'histoire avais compté sur la question du Parisien, voyant que le Parisien ne faisait pas cette question, je restai très-mécontent du Parisien et de moi et de Moncalm. Adresser moi-même cette question à Moncalm, je n'osai pas : d'abord c'eût été aller contre le vœu de nous tous, le silence; contre le but que nous nous étions tracé, le silence; et ensuite c'était ressembler beaucoup trop au Parisien; enfin c'était donner un nouveau cours à la conversation qui paraissait terminée. Cependant je ne pus pas me contenir en voyant Moncalm si malheureux.

« Je suis sûr, lui dis-je, que le marquis, qui vous offrait cinquante mille francs, ne vous a pas prêté *Isaïe le Triste*.

— Vous avez deviné juste, mon brave, me dit Moncalm en me pressant la main; il voulait me donner cinquante mille francs, il n'a pas voulu me prêter son livre : c'était un digne et honnête homme, celui-là. »

La saillie de Moncalm nous étonna, puis elle

nous fit rire : nous comprîmes alors que le silence n'était plus possible; ce damné Parisien avait changé toute l'allure de notre esprit : donc nous sortîmes de notre recueillement et de notre béatitude sans trop nous plaindre, nous fîmes le tour du beau parc, mollement tapissé d'un sable doux et fin, jaune comme l'or.

Alors, en marchant, en courant dans les bosquets, dans le bateau, sur le rivage, dans l'île, tout en parlant femmes, modes, et chevaux et vieux livres, avant comme après le déjeuner, nous trouvâmes le Parisien aussi aimable qu'il l'était en effet. Mais le soir, quand chacun de nous fut rentré dans sa chambre, et quand il vit qu'au lieu de penser il avait agi, qu'au lieu de rêver il avait parlé, chacun de nous pensa que sa journée était perdue, chacun regretta son bon silence et sa tranquille contemplation de tous les jours, et ce jour-là nous fûmes tous bien persuadés d'une chose dont on n'est pas assez convaincu en général, à savoir que de tous les contes fantastiques et non fantastiques, le silence est le conte le plus difficile à faire et le plus difficile à raconter.

LE LIVRE

DE

MADAME PREVOST

Vous avez laissé mourir, moi absent, une des plus aimables femmes dont le commerce parisien pouvait à bon droit s'enorgueillir, Mme Prevost, la marchande de fleurs du Palais-Royal. Non loin du corridor sombre qui conduit sur la scène du Théâtre-Français, derrière un énorme pilier, se cache sous la pierre, comme la violette se cache sous la feuille, la boutique, ou, pour mieux dire, le parterre de Mme Prevost. Parterre éternel, celui-là, il ne redoute ni le froid de l'hiver, ni l'ardent soleil de l'été, ni la poussière, ni l'orage. Un printemps perpétuel habite ce pilier massif; à cette ombre protectrice se plaisent plus qu'en tout autre lieu les roses de toutes les saisons, les pâles violettes, la modeste anémone, le superbe camélia, l'œillet odorant, le dahlia devenu vulgaire; sur ces quatre pieds carrés la Flore parisienne verse chaque matin les trésors de sa corbeille, depuis la fleur de l'oranger, qui pare le front des reines, jusqu'à la modeste marguerite. Ce doux parterre était régi, gouverné, protégé chaque jour par cette bienveillante et aimable femme, qui l'avait transporté comme par enchantement au milieu des diamants, du strass, des habits neufs, des arbres rabougris, des fleurs avortées et des vices du Palais-Royal, étouffés comme ses fleurs. Pour celui qui passait dans ces galeries splendides, pour le provincial arrivé de la veille, pour l'Anglais affamé, pour la grisette retardataire, pour tous les oisifs en plein vent, qui ont des yeux pour ne rien voir, des oreilles pour ne rien entendre, la boutique de Mme Prevost n'existait pas, elle n'a même jamais existé. Ah bien oui ! s'attarder à contempler quelques modestes fleurs quand Chevet, tout à côté, expose ses homards flamboyants !

Mais, pour être ainsi cachée, ignorée, perdue dans son nuage odorant, la boutique de Mme Prevost n'en était que plus tendrement fêtée; c'était, pour ainsi dire, l'antichambre poétique de tous les amours de vingt ans, c'était le rendez-vous de toutes les passions innocentes, de toutes les coquetteries permises, des élégances les plus légitimes. La jeune femme (femme parisienne, jeunesse parisienne) ne passait jamais devant cet humble parterre sans se souvenir en soupirant de la première fleur qu'elle avait mise à son corsage. Là venaient butiner chaque jour toutes les passions timides que Paris renferme. Cette boutique de M$^{me.}$ Prevost vous offrait à toute heure, selon le besoin de votre âme, des idylles toutes faites, de molles élégies, des poésies parlantes; on y trouvait tout écrits à l'avance, et cependant écrits tout exprès, dans leur calice embaumé, les seuls billets doux qu'une femme accepte toujours, même en présence de son mari. Au besoin, vous auriez trouvé chez Mme Prevost la langue universelle tant cherchée par les philosophes. Ainsi donc, elle régnait sur toutes les ambitions de la jeunesse, l'aimable femme; elle tenait dans sa main légère et toujours ouverte le perpétuel secret de tous les soupirs, de tous les amours; toute cachée qu'elle était pour le vulgaire, elle était la femme la plus populaire de Paris dans ce monde à part de la beauté et de la jeunesse. Ouvrez vos portes splendides au riche qui passe, vous tous qui vendez les diamants, les bijoux, les perles, les tissus précieux, vous les vulgaires serviteurs des riches amours; mais vous autres, les heureux de ce monde, les amoureux qui ne pouvez donner qu'une fleur, vous les élégantes et les belles qui ne pouvez recevoir qu'une fleur, entrez, entrez sans peur, entrez avec orgueil dans la boutique de Mme Prevost.

Cette femme avait été très-belle, et, rien qu'à la voir cachée dans ses dentelles, on devinait sans peine que l'amour avait passé par là. Son regard était fin, mais voilé; son sourire était doux et calme, mais elle souriait rarement. Toute sa vie elle avait eu une grande passion pour les fleurs; non-seulement elle les cultivait avec un succès sans égal, mais encore pas une main mortelle ne savait en nuancer les couleurs avec plus d'art et plus de goût. Elle faisait un bouquet avec autant de passion que Cardaillac le bijoutier quand il montait un de ses chefs-d'œuvre; puis, son bouquet fait, elle le mettait en réserve, attendant une femme assez belle pour le porter; et, si cette femme n'arrivait pas le même jour, Mme Prevost gardait son bouquet pour elle-même, et elle était heureuse. Aux femmes qui passaient et qui achetaient un bouquet par hasard elle donnait des bouquets faits au hasard; au mari qui achetait un bouquet pour sa femme, comme il eût acheté une poupée pour sa fille, Mme Prevost donnait un bouquet tel quel : elle savait si bien que ce bouquet ne serait regardé ni par celui qui le donnait ni par celle qui le devait porter! Elle avait des bouquets pour tous les âges, pour toutes les positions de la vie; elle voyait d'un coup d'œil quelle était la fleur qu'il fallait employer pour sauver un pauvre cœur qui allait se perdre, pour ranimer un amour qui faiblissait. Elle était indulgente pour les uns, sévère pour les autres, impitoyable pour le séducteur, bienveillante pour l'amant timide. Elle disait qu'elle n'était jamais si heureuse que lorsqu'elle tressait une couronne virginale. Que de jeunes femmes elle a sauvées qui ne se sont pas douté de la main qui les sauvait! que de Lovelaces arrêtés dans leur triomphe qui en sont encore à se demander : *Comment donc celle-là m'a-t-elle échappé?* M%me% Prevost avait poussé si loin la science de cette langue emblématique que, sur les derniers temps de sa vie, elle avait inventé la plus malicieuse épigramme qui se soit jamais faite contre MM. les comédiens des deux sexes : elle prenait un paquet de foin, et elle dissimulait ce foin par quelques fleurs à vives couleurs; elle faisait ainsi une espèce de bouquet qu'elle appelait des bouquets comiques. « *Cela est très-bon pour jeter à la tête de ces messieurs et de ces dames,* disait-elle. Quelle profanation, jeter de véritables fleurs à des êtres pareils! abuser ainsi de la rose, profaner ainsi le camélia! flétrir ainsi sans pitié ces doux trésors! et pourquoi? pour une roulade, pour une bouffante, pour une tirade! Non, Messieurs, je ne serai pas la complice de ces profanations. Vous aurez du foin, et, comme dit le proverbe, *je mêlerai pour vous l'utile à l'agréable.* » Ainsi elle parlait. Et rien en effet n'était amusant comme de la voir composer ses bouquets comiques avec du foin, de la luzerne, du cresson et quelques grossières fleurs achetées à la Halle. — Et puis elle disait en riant : « Regardez-moi *cette pluie de fleurs!* »

N'était pas admis qui voulait, je ne dis pas à l'intimité, mais seulement à la familiarité de cette aimable femme. Il est vrai que son parterre était ouvert à tous, mais là s'arrêtait le droit commun. On entrait, on achetait, on demandait à Mme Prevost un conseil, qu'elle ne refusait jamais ; après quoi il fallait sortir nécessairement et faire place, non pas à d'autres acheteurs, mais à un autre acheteur, car la boutique ne contenait qu'une seule personne. Mme Prevost n'aimait pas qu'on achetât ses fleurs en public; elle disait que le choix d'un bouquet est déjà un mystère, et que c'était ôter à la fleur tout son parfum que d'en faire un présent banal. Elle ajoutait : « Ne me parlez pas de ces gros hommes qui achètent un bouquet pour leur maîtresse comme ils achèteraient un melon pour leur ménage! Un homme arrive au coin d'une rue, à la porte d'un marchand de vin : il flaire les melons les uns après les autres, il met son nez rouge Dieu sait où! il tâte son melon, il le pèse, il le marchande; il l'emporte en triomphe tout ruisselant de sueur. A la bonne heure : cet homme-là sait son métier; mais, par le ciel! s'il entrait jamais chez moi un pareil homme pour flairer, tâter, pour chiffonner mes fleurs, je ne lui vendrais même pas un paquet d'épines! Et puis, voyez-vous la figure d'un niais qui s'en va dans les rues, un bouquet à la main et longeant le trottoir? Cet homme semble dire aux voisins : « Regardez-moi : « j'ai un pantalon de nankin et un gilet de velours; « c'est moi qui fais la cour à Mme***, qui demeure « au n° 20, à l'entresol! » Quand Mme Prevost parlait ainsi, elle était charmante; son œil noir s'animait comme son sourire, et de ce sourire et de ce regard tombait je ne sais quel ridicule, auquel personne n'eût échappé s'il n'y eût pas eu sous cette grâce et sous cet esprit un tendre cœur qui savait compatir à toutes les faiblesses, même aux faiblesses de la vanité.

Il était donc presque impossible de devenir l'ami de Mme Prevost. Placée qu'elle était au milieu de ses fleurs comme l'abeille dans sa feuille de rose, cette femme d'un esprit si fin voyait de trop près l'égoïsme des hommes et la coquetterie des femmes pour ne pas adopter quelque peu cette devise d'Hamlet : *L'homme ne me convient pas, ni la femme non plus*. Et, en effet, que de lâchetés cette femme avait découvertes au fond de ces corbeilles remplies de fleurs ! que de trahisons des femmes ! que de mensonges des hommes ! Que de fois elle avait fait au même homme, et le même soir, trois bouquets différents et pour trois femmes différentes ! que de fois avait-elle vu le plus beau bouquet de sa boutique remplacé sur un perfide sein par quelque triviale composition achetée à une fleuriste ambulante ! et que de bouquets égarés en chemin, tout chargés de tendres soupirs qui n'arrivaient pas à leur adresse ! Et, derrière ces fleurs traîtresses, que de sourires mal dissimulés, que de tendres paroles dites tout bas et que ces fleurs obéissantes répétaient à l'oreille de Mme Prevost ! Cette femme avait ainsi le secret de toutes les trahisons, de toutes les perfidies, de tous les mensonges qui se tramaient à l'ombre de ses fleurs ; elle était au courant mieux que femme au monde de toutes les intrigues sans cesse expirantes et sans cesse renaissantes de cette grande ville remplie de mystères de tous genres ; pas un battement du cœur féminin n'échappait à cette femme, car sur tous les cœurs féminins était placée une fleur qu'elle avait cultivée, qu'elle avait cueillie. Elle savait, à n'en jamais douter, quand finissait une passion et quand elle commençait; elle pouvait dire sans se tromper l'heure du premier sourire et l'heure du dernier mensonge. Elle avait le tact de la sensitive, elle se tournait comme l'héliotrope au soleil de toutes les passions humaines. Oui, cette femme cachée dans cette boutique obscure, au milieu de ses fleurs cachées comme elle, elle devinait, elle prévoyait, elle savait plus de mystères à elle seule que tous les philosophes, tous les politiques, tous les moralistes de ce temps-ci.

Cette profonde connaissance du cœur humain, qui lui était ainsi venue en arrosant ses œillets et ses roses, avait donc rendu Mme Prevost non pas défiante, mais timide et réservée; elle était si accoutumée à voir une trahison, même dans une rose blanche, qu'elle se tenait éloignée des hommes. Elle était polie pour tous, mais rien de plus; elle les tenait à distance comme des menteurs et des traîtres qui mentent et qui trahissent à l'abri des plus charmantes couleurs. Cette profanation de chaque jour lui faisait peine à l'âme; souvent elle se prenait à soupirer en songeant que ces belles fleurs qu'elle arrangeait avec tant d'amour n'étaient pourtant que la monnaie courante des trahisons élégantes. Elle songeait aussi à toutes les épines cachées même dans ces violettes, à toutes les larmes contenues dans ces marguerites, à toutes les douleurs dont ces modestes confidentes allaient entendre le secret; si bien, encore une fois, que Mme Prevost, dans son mépris pour les uns, dans sa pitié pour les autres, ne voulait voir ni ceux-ci ni ceux-là, et qu'elle vivait seule au milieu de la foule. Et d'ailleurs, hormis quelques esprits singuliers, qui eût songé à conquérir l'amitié d'une femme âgée qui faisait et qui vendait des bouquets?

Je connaissais Mme Prevost depuis quinze ans, et je l'avais connue dans une circonstance très-importante de ma vie. C'était le soir, soirée solennelle! où pour la première fois j'eus le bonheur et l'honneur de mener une femme de théâtre au Théâtre-Français. Ma femme de théâtre, il est vrai, n'était pas des plus renommées, non plus que son théâtre; mais enfin elle montait sur les planches, elle mettait du rouge, son nom était sur l'affiche : c'était bien quelque chose. Aussi ce soir-là j'étais bien fier! Dans mon orgueil, j'imaginai de planter là ma conquête et d'aller lui chercher un bouquet. Le hasard, non pas l'instinct, me fit entrer chez Mme Prevost, et à mon air effaré, triomphant, satisfait, elle devina tout de suite de quoi il s'agissait. A cette cause elle me donna un immense bouquet, précurseur du *bouquet comique*, qui n'était pas inventé; et, comme je trouvai que le prix était exorbitant, non pas pour mon orgueil, mais pour ma bourse : — « *Jeune homme*, me dit Mme Prevost, *on me paye ce qu'on veut le premier bouquet qu'on m'achète.* » Et je revins au Théâtre-Français avec le bouquet que j'avais acheté, ou plutôt qu'elle m'avait donné; et vous jugez des éclats de rire quand je présentai cette masse informe à mon artiste, que j'avais juchée galamment et économiquement aux secondes loges de côté! La leçon me profita : devenu plus sage et plus riche, je n'achetai plus à Mme Prevost que quelques bouquets de famille; et elle, me voyant si bonhomme et si peu conquérant, se prit à m'estimer, à me parler un peu plus qu'elle ne parlait à ses meilleures pratiques; si bien que peu à peu, à force de réserve, de prudence, de gaucherie, et en n'achetant des bouquets qu'à la Sainte-Anne, à la Sainte-Marie et à la Saint-Louis (les belles fêtes!), je finis par entrer dans la confiance et dans l'arrière-boutique de Mme Prevost.

Cette arrière-boutique n'était rien moins que le laboratoire de Mme Prevost. C'était une espèce de bosquet réservé, où étaient précieusement gardées les plantes les plus rares. Là régnait, là vivait la maîtresse de céans, là seulement elle s'abandonnait à sa contemplation mélancolique du cœur humain, là elle composait ses chefs-d'œuvre d'un jour. Que dis-je, un jour? ces chefs-d'œuvre d'une heure qui brillent de cet éclat éphémère à la main droite, à la ceinture, sur le sein nu des plus belles créatures parisiennes! Dans ce réduit, où très-peu d'hommes sont entrés, entrait familièrement depuis longtemps le seul homme qui y eût de droit ses entrées, Redouté, le Van Dick de nos parterres, le peintre et le compagnon des plus belles fleurs de nos jardins, qui ont posé devant lui comme les trois déesses devant le berger Pâris. Jamais, à voir cette grosse main difforme, cette grosse tête naïve, vous ne croiriez que c'est là Redouté, la main légère qui n'a pas froissé dans sa vie une feuille de rose, et qui eût pu faire sans accident le lit de Sybaris. Naturellement Redouté était l'ami de Mme Prevost: ils s'entendaient si bien elle et lui! ils partageaient si bien la même passion! Redouté arrivait le soir, et il trouvait disposées sur une petite table les plus belles fleurs que Mme Prevost avait cueillies durant le jour. Alors c'étaient entre elle et lui des admirations sans fin, des extases indicibles; et, le dirai-je? c'étaient presque des larmes quand il fallait se séparer de ces chers trésors. Souvent Redouté emportait avec lui cette fleur adorée, et, huit jours après, cette fleur périssable et passagère ne devait plus mourir. Vous comprenez donc si ces deux êtres, Redouté et Mme Prevost, devaient s'aimer et se comprendre, et s'il était facile de pénétrer dans ce *sanctum santorum* de la rose et du camélia !

J'y entrai cependant ; et, pour comble de bonheur, après quelques premiers instants de jalousie, Redouté m'adopta ; je fus installé dans cette arrière-boutique fermée à tous, où nul ne pouvait me voir, plus heureux et plus fier que si j'eusse été admis à l'honneur très-recherché et très-ambitionné de m'asseoir, en présence de toute l'Europe mangeante, à côté de Mme Chevet, dans son comptoir. L'arrière-boutique de Mme Prevost donnait dans sa boutique, d'où elle n'était séparée que par un vitrage. Une fois là, j'ai pu voir et j'ai vu en effet bien des petits drames, naïvement commencés et qui ont dû se dénouer d'une façon terrible ; j'ai assisté à bien des comédies ridicules ou cruelles ; j'ai appris le secret de bien des amours que je ne puis révéler, de bien des trahisons incroyables. Si je ne me fusse pas retiré à temps de cette étude dangereuse, moi aussi je serais devenu un misanthrope, j'aurais pris en haine le monde et ses crimes si parés et si tendres. Aussi que de fois Mme Prevost m'a-t-elle dit en mettant un doigt sur ses lèvres : « Chut ! n'écoutez pas ! et faites comme Redouté : jouez au jeu de regarder les fleurs. »

Un jour que j'étais seul dans l'arrière-boutique (Redouté était allé à Neuilly, dans le jardin du Roi, se mettre à genoux devant je ne sais quelle fleur qu'il a baptisée avec un barbarisme latin), je trouvai sous ma main un petit livre à couverture verte, qui avait l'air d'un livre de comptes. J'ouvris machinalement ce livre; et quel fut mon effroi quand je me vis tombé tout en plein au beau milieu de l'histoire la plus cachée du monde parisien ! Terrible histoire ! touchante histoire ! trahisons, mensonges, perfidies; mais aussi dévouement, passion, fidélité. Dans ce livre, Mme Prevost écrivait elle-même, jour par jour, et comme on fait dans un livre de commerce, les noms de tous ceux qui achetaient des fleurs chez elle en lui disant : « Faites-les porter chez Mme ***, rue ***. » Tel était ce livre. Ici le nom d'un homme; plus loin, et tout en face du nom de cet homme, était écrit le nom d'une femme et sa demeure. Et pourtant, savez-vous, jamais un roman de M. de Balzac lui-même, même dans les beaux jours de M. de Balzac, quand il coupait avec tant de verve et de bonheur le regain de son esprit, n'a présenté un intérêt pareil à celui de tous ces noms en présence. Oui, un homme qui envoie d'abord un simple bouquet de violettes à cette femme qui l'accepte; plus tard la violette devient une rose; chaque jour ajoute d'abord une fleur à cet envoi de l'amour ; puis bientôt chaque jour arrache une fleur, jusqu'à ce qu'enfin le nom de cet homme ne soit plus accouplé au nom de cette femme. — Et si vous saviez combien peu elles durent, ces grandes passions, éternelles comme la rose !

Et quel livre, ce compte des amours parisiennes ainsi tenu en partie double ! Lisons encore, lisons toujours. Aujourd'hui ce même homme a cessé d'envoyer un souvenir à cette même femme; mais regardez plus haut, à l'autre page : au moment où le bouquet de cet homme allait en s'amoindrissant, un autre bouquet s'avançait sur l'horizon vers cette même femme; et ainsi vous pouvez suivre l'amour parisien dans ces sentiers ténébreux et fleuris. Et, chose étrange ! que de noms, qui se tiennent par un lien de fleurs, dont vous n'auriez pas cru que la rencontre fût même possible ! que de chaînes tour à tour brisées, renouées, rompues ! que de bouquets renvoyés et rendus ! quel pêle-mêle bizarre, étrange, incroyable ! que d'histoires galantes qui se croisent ! que de dates funestes ! — Voilà donc le bouquet que portait cette femme le jour où son amant fut tué en duel ! et ce bouquet n'était pas même celui de cet amant ! — Voilà donc d'où venait la fleur que vous portiez dans vos cheveux, Coralie ! et vous disiez que vous l'aviez cueillie dans la serre de votre père! — Louise, pauvre enfant! Je comprends à cette heure pourquoi cette fleur desséchée au chevet de son lit, au pied du Christ. — Ah! juste ciel! en voici une qui a reçu d'abord une rose, puis une fleur d'oranger pour aller à l'autel. Heureuse celle-là, heureuse entre toutes!... O l'horreur! maintenant c'est une couronne d'immortelles que le jeune époux vient de jeter sur la tombe de sa femme! — Tel était ce livre terrible. Il contenait, vous le voyez, toutes les trahisons, tous les serments, tous les amours, tous les mariages de cette ville immense, qui n'avait rien de caché pour cette simple marchande de fleurs. Et moi, éperdu, épouvanté, tantôt le sourire sur les lèvres, tantôt les larmes dans les yeux, il me semblait que j'assistais à la représentation de ce drame que Shakespeare appelle *la Tempête,* dans lequel l'informe Kaliban joue un rôle aussi important que le gentil Ariel.

J'en étais là de ma contemplation quand Mme Prevost rentra dans sa boutique, toute chargée de l'odorante moisson qu'elle avait faite dans ses jardins. J'étais si absorbé dans ma lecture que je ne l'entendis pas venir. « Ah! s'écria-t-elle en voyant son livre ouvert sous mes yeux, qu'avez-vous fait! » Et elle m'arracha le livre des mains avec une indignation mêlée de pitié.

Je compris ce qu'elle voulait dire; je lui demandai pardon, les mains jointes. « Vous êtes assez puni, me dit-elle doucement : bien que vous n'ayez lu que les premières pages de ce livre, vous en avez vu assez pour deviner tout ce que le monde contient de lâchetés et de trahisons. Ainsi est fait ce monde si brillant, si paré, si calme; il est tel que vous venez de le voir; voilà les immondices que recouvrent mes fleurs. Pas un ami qui ne soit un traître! pas un mari qui n'ait sa maîtresse! pas une femme qui n'ait son amant! pas un toit domestique sous lequel l'adultère ne se glisse comme le serpent caché sous les fleurs! Pour quelques douces vertus qui se cachent sous les frais rosiers, que de crimes! Voilà ce que vous ignoriez tout à l'heure encore, voilà ce que vous ne pouvez plus ignorer à présent parce que vous avez porté les mains sur le fruit défendu. Mais est-ce votre faute, malheureux? n'est-ce pas plutôt la mienne, imprudente que je suis? Je ne vous ai pas seulement livré mon secret, je vous ai livré le secret de la pauvre société parisienne. Pensez-y et jurez-moi sur l'honneur que pas un de ces noms que vous avez lus écrits dans mon livre ne sortira de votre bouche! »

Ayant ainsi parlé, elle referma son livre avec soin et elle se mit à son œuvre de chaque jour. Il était bien près de quatre heures : c'est l'heure où la femme de Paris, jusque-là rêveuse et indifférente à toutes choses, commence à songer qu'elle est attendue par la fête de chaque soir. Ce jour-là je profitai tout de suite de mon indiscrétion bien involontaire : Mme Prevost ne songea pas à me dire, comme c'était sa coutume : *Allez-vous-en!* et je devins ainsi le témoin et presque l'acteur d'un petit drame, que je puis vous raconter sans remords puisqu'il n'est pas écrit dans le livre de Mme Prevost.

D'abord entra dans la boutique un grand homme de quarante ans à peu près, haut en couleurs, dandy manqué, qui, pour être un dandy, avait été obligé de revenir sur ses pas ; si bien qu'il portait gauchement ses cheveux, ses gants et sa canne ; du reste assez beau pour un Parisien de la province qu'il était.

« Vous porterez, dit-il sans saluer, un bouquet à Mme de Melcy, rue... et hôtel... »

En même temps il jetait brusquement deux pièces de 5 francs sur la table de Mme Prevost.

Mme Prevost suivit cet homme des yeux jusqu'à ce qu'il fût perdu dans la cour du Palais-Royal.

« Je vais lui en donner pour son argent », me dit-elle.

En même temps, de deux bouquets de pacotille,

jetés au hasard dans sa corbeille, elle ne faisait qu'un seul bouquet; et encore y ajoutait-elle une immense tubéreuse à grosses feuilles.

— Mais, lui dis-je, vous voulez asphyxier cette pauvre dame!

— Je veux, répondit Mme Prevost, préserver cette femme des poursuites d'un sot et d'un impertinent. Soyez tranquille : pour peu que cette femme ait, je ne dis pas un cœur, mais des nerfs, elle jettera le bouquet par la fenêtre et elle mettra à la porte celui qui l'envoie. Quel rustre! s'attaquer à Mme de Melcy, une petite femme pâle et frêle, et si mignonne! — Portez ce bouquet, dit-elle à un commissionnaire, avec la carte de ce monsieur (ce monsieur avait laissé sa carte) chez Mme de Melcy. »

Et le commissionnaire partit, tenant le bouquet des deux mains. Il avait fiché la carte au milieu de la tubéreuse; sur la carte était gravé le nom du monsieur; ce nom était surmonté d'une couronne équivoque de comte ou de baron.

« L'imbécile! » disait Mme Prevost.

Elle parlait encore qu'un gros jeune homme de vingt-neuf ans au moins entrait dans la boutique. Ce gros homme avait le regard assez fin, mais tout le reste de sa personne était si grossier que le regard disparaissait dans cette large physionomie. Ce monsieur-là était évidemment mieux élevé que l'autre. C'était bien mieux qu'un Parisien de province : c'était un provincial de Paris. A force de vivre dans la ville il en avait saisi, sinon l'élégance et la grâce, du moins le scepticisme et l'esprit.

« Madame, dit-il à Mme Prevost, voulez-vous faire porter un bouquet pour ce soir chez Mme de Melcy ? »

Celui-là sorti « pour celui-là, me dit Mme Prevost, je serai neutre : je ne lui ferai ni bien ni mal ; Mme de Melcy aura un bouquet comme tout le monde : quelques beaux dahlias et quelques fleurs sans odeur ; elle pourra le porter à la main ou le mettre à sa ceinture. L'homme qui sort d'ici n'est pas un fat, ce n'est pas un imbécile. Il fait peut-être une faute en envoyant un bouquet à cette dame, qui certes ne le lui a pas demandé ; mais cependant je ne me mêlerai pas de ses affaires : qu'il se défende et qu'il se protége lui-même ! »

Aussitôt dit, aussitôt fait. Mme de Melcy eut donc un second bouquet, moins gros, moins odorant et beaucoup moins ridicule que le premier.

Ce second bouquet parti, j'allais sortir quand je vis se glisser dans la boutique de Mme Prevost un beau jeune homme de dix-huit ans, mais si tremblant, si timide, si bien rougissant qu'on eût dit qu'il entrait chez la dame de ses pensées.

« Madame, dit-il tout bas et tout ému, seriez-vous assez bonne pour envoyer quelques fleurs, sans dire de qui elles viennent, à Mme de Melcy ? »

Disant ces mots, il tendait à Mme Prevost un louis d'or.

Mme Prevost, très-peu étonnée de ce troisième arrivé, lui rendit 17 francs sur sa pièce d'or; puis, quand il fut sorti :

« Çà, dit-elle, je veux faire quelque chose pour celui-là. Il est jeune, il est beau, il est timide, il est modeste, il ne veut pas qu'on sache que c'est lui qui envoie ces fleurs : je le protége. »

Parlant ainsi, elle prenait presqu'au hasard dans sa corbeille quelques fleurs des champs très-simples, douces couleurs, douces odeurs, et elle composait un bouquet qu'on eût dit cueilli dans la prairie au mois de juin. Par un caprice soudain, elle plaça au beau milieu de ce bouquet un brin de serpolet en fleurs. Moi je la regardais faire; elle cependant m'expliquait tout ce mystère.

« Il est impossible, disait-elle, que Mme de Melcy ne choisisse pas ce soir ce bouquet-là parmi les trois bouquets qu'elle va recevoir. Le premier est un bouquet de bouchère, à grosses fleurs rouges : si une femme le portait au bal, elle aurait l'air d'avoir trop bu; le second bouquet est trop blanc pour une jeune femme langoureuse et pâle comme est Mme de Melcy; celui-ci, au contraire, est vif, animé, modeste ; il ne ressemble à nul autre, il est frais, il est gracieux : il sera porté ce soir... N'êtes-vous pas comme moi, ne protégez-vous pas ce petit jeune homme ? ajouta-t-elle en riant.

— A demain, lui dis-je.

— Et que ferez-vous ce soir ? reprit-elle.

— Je vais à l'Opéra.

— Grand bien vous fasse ! Voulez-vous un bouquet, mais un vrai bouquet cette fois, pour jeter de notre part à Mlle Taglioni ? »

Ce soir-là en effet Mlle Taglioni, cette merveille de l'air, nous faisait ses adieux. Nous allions la perdre, sinon pour toujours, du moins pour bien longtemps, cette adorable créature, si légère que l'oiseau l'envie ; tout Paris s'était porté à l'Opéra pour revoir une dernière fois son idole bien-aimée. La salle était pleine jusqu'aux combles. J'étais de très-bonne heure à mon poste, dans une seconde loge à gauche, et je pensais à cette grande perte que nous allions faire quand soudain s'ouvrit brusquement la loge voisine de la mienne : deux femmes, l'une très-jeune, l'autre sur le retour, se placèrent sur le devant de la loge, pendant que trois cavaliers qui les accompagnaient s'arrangeaient, les deux plus âgés derrière les deux dames, le plus jeune sur la banquette de derrière. — Et, jugez de ma stupeur! je reconnus les trois jeunes gens que j'avais vus chez Mme Prevost tout à l'heure : le grand homme bruyant et fier, le gros fin et silencieux, le petit qui se cachait dans son bonheur. La vieille dame sur le retour tenait à la main le bouquet rouge, la jeune dame avait à son côté souple et délié les fleurs des champs. Elle paraissait faite pour ces douces fleurs, qui paraissaient faites pour elle : la pâleur de son teint s'animait au reflet des marguerites; de temps à autre elle semblait aspirer avec délices la faible odeur du serpolet. J'aurais de bon cœur averti de sa bonne fortune le jeune protégé de Mme Prevost; mais le moyen de lui dire : « *Mon ami,* félicitez-vous! vous avez deux rivaux qui ont envoyé chacun un bouquet à votre maîtresse : le premier bouquet Mme de Melcy l'a infligé à son amie; le second bouquet, elle l'a gardé pour parer sa chambre; elle porte le vôtre à son corsage. Vous êtes le plus heureux des trois! » Mon jeune fanatique était véritablement dans une position à ne rien écouter.

Le spectacle commença. Que vous dirai-je de Mlle Taglioni? Elle fut adorable. Elle s'enveloppa tant qu'elle put dans sa tristesse charmante comme Junon, sur le mont Ida, s'enveloppe dans son transparent nuage ; elle s'abandonna cœur, corps et âme, à ses chastes transports. Le parterre, ravi et charmé, la suivait de l'âme et du cœur dans ce septième ciel qu'elle a découvert. Moi cependant, ce soir-là, j'étais également partagé entre Mlle Taglioni et Mme de Melcy ; j'étais à la fois sur la terre et dans le ciel ; Mlle Taglioni était si légère ! mais Mme de Melcy était si belle ! celle-là s'envolait si bien dans son nuage ! mais celle-ci était si près de moi ! oui, tout à côté de moi ! Elle tournait vers moi sa blanche épaule recouverte d'un fin duvet imperceptible ; ses cheveux noirs se posaient à peine sur ce cou d'un blanc mat ; son bras nu plus d'une fois se glissa dans ma loge, près de moi ! — Cependant les trois hommes assis derrière elle étaient occupés, chacun selon sa nature : le grand homme faisait du bruit, applaudissait à outrance et criait *bravo;* le gros profitait du tapage de son voisin pour murmurer tout bas à l'oreille de la belle dame quelques-uns de ces mots sans suite qui ont toujours ou trop de sens ou pas assez de sens ; le petit jeune homme, abasourdi dans sa contemplation muette, n'aurait même pas pu vous dire qui donc était avec lui, là-haut dans le ciel. De ces trois hommes, l'un était stupide, l'autre était trop habile, le troisième était tout simplement un niais. Il était donc le plus avancé des trois.

La dame, entre ces trois hommes, se tenait comme doit se tenir une femme d'esprit qui n'a pas trop de cœur : tour à tour elle applaudissait Mlle Taglioni, elle écoutait parler le gros garçon, elle regardait de côté le petit jeune homme, qui ne pouvait la voir; elle avait même pour moi, son voisin, quelques-uns de ces regards incertains et très-acceptables qui ne sont ni l'attention ni l'indifférence; après quoi elle revenait à son bouquet et au brin de serpolet, qu'elle flairait avec une joie enfantine. Elle était vraiment très-jolie, d'une beauté transparente et calme, l'œil ouvert comme l'âme, de beaux cils noirs, de beaux cheveux noirs, une petite main très-fine, la lèvre presque rouge, tant ce sang brun éclate sous la peau, la dent très-blanche. A voir cette belle créature, faite pour l'amour, et seulement pour l'amour, je comprenais très-bien que le petit jeune homme fût si amoureux, je ne comprenais pas qu'il fût si bête. De ces trois hommes, venus là tout exprès pour elle, il n'y avait donc que moi qui m'occupasse convenablement de cette belle personne : je la voyais sans la regarder, je l'entendais sans lui parler, je la trouvais belle sans le lui dire.

A la fin, Mlle Taglioni avait dansé, avec quelle adorable élégance, vous le savez, l'admirable dernier pas de la *Sylphide*, quand soudain toute la salle se leva comme un seul homme : l'âme, les mains, les pieds, les cœurs, les voix se confondaient dans un applaudissement unanime. C'en est fait, pas une seule femme ne garde le bouquet qu'elle avait à la main... ou sur le cœur ; ce fut en un clin d'œil, aux pieds de Mlle Taglioni, une avalanche de fleurs. Oh ! cependant, que de prières muettes, que de tendres serments attachés à ces fleurs et sur ces fleurs ! Oh ! les femmes enthousiastes, qui jettent ainsi aux pieds d'une autre femme cette odorante moisson dont chaque feuille est une espérance ou un souvenir ! Mais la chose était ainsi : ces femmes, si elles y eussent pensé, auraient jeté leurs diamants et leurs perles à la sylphide qui s'en allait.

Seule peut-être, Mme de Melcy avait gardé précieusement le modeste bouquet placé à sa ceinture. Malheureusement pour lui, le petit jeune homme, jusqu'alors immobile et muet, soit qu'il fût réveillé par l'enthousiasme universel, soit qu'il voulût montrer à tous qu'il avait vu le ballet, se levant tout à coup, se mit à crier comme les autres et à applaudir. Alors je vis la jeune femme tirer violemment le bouquet de sa ceinture, en respirer l'odeur encore une fois, couper avec ses dents le serpolet en fleurs, et enfin de sa main blanche jeter aux pieds de Mlle Taglioni ces fleurs tant aimées. En ce moment Mme de Melcy était admirable. A peine son bouquet était-il tombé sur la scène qu'elle le regretta; et, se tournant vers les trois hommes avec un regard suppliant et plein de douleur : « Qui de vous me rapportera mon bouquet ? » leur dit-elle.

Mais allez donc chercher une fleur dans cette montagne de fleurs ! Quand ces trois hommes entendirent l'ordre de leur souveraine, vous les eussiez vus dans toutes sortes d'attitudes : le plus grand répondit en riant qu'il aimerait autant chercher une goutte d'eau dans la mer; le plus gros appela la dame *capricieuse;* le plus jeune... le plus jeune sortit comme un fou pour se précipiter sur le théâtre. Pendant ce temps le grand homme donnait son châle à la dame, le gros homme offrait son bras à la dame. Moi je sortis de ma loge pour aller faire mes derniers adieux et mes derniers compliments à Mlle Taglioni.

En ce temps-là on entrait sur le théâtre de l'Opéra sans qu'il fût besoin d'avoir une médaille d'ivoire dans sa poche; il suffisait qu'on fût un peu connu du contrôleur, et l'on entrait. Mon jeune homme, haletant, se tenait déjà à cette porte qu'il implorait en vain, et qui s'ouvrit pour moi et pour lui. Mlle Taglioni, l'adorable, était encore sur le théâtre, au milieu de ce monceau de fleurs, si heureuse et si triste à la fois qu'à la voir on se sentait l'envie de pleurer et de sourire. Elle nous tendait ses deux petites mains en nous disant *adieu*, quand tout d'un coup elle recule épouvantée en voyant mon jeune homme fourrager au milieu de ses fleurs pour trouver le bouquet de sa maîtresse. Mais, à dix-huit ans, comment reconnaître une fleur parmi les fleurs? Tout au plus peut-on reconnaître une femme parmi les femmes. Je dis tout bas à Mlle Taglioni de quoi il s'agissait : elle fit alors un petit vol en arrière; elle avait l'air de dire à ce jeune homme : *Cherchez-bien, Monsieur*.

Comme elle se retirait, moi, qui étais de sang-froid, je découvris dans cet amas de camélias et de roses mon adorable petit bouquet champêtre. Quoi d'étonnant? j'avais vu Mme Prevost le composer fleur par fleur, je l'avais contemplé tout le soir attaché à cette blanche poitrine, il était le seul de son espèce dans cet amas de fleurs. Je me baissai, je m'emparai de ma découverte, et moi aussi je le posai sur mon cœur.

« Monsieur, dis-je ensuite au malheureux jeune homme, avez-vous donc trouvé le bouquet que vous cherchiez?

— Hélas! Monsieur, reprit-il, je suis un insensé; je ne sais même pas ce que je cherche. »

Et il se mettait en mesure de chercher encore, lorsque soudain le théâtre fut envahi par la multitude des danseuses subalternes, qui venaient se partager les dépouilles odorantes de Mlle Taglioni.

Je me retrouvai donc dans la rue avec mon jeune homme.

« Voulez-vous, lui dis-je, que je vienne à votre aide demain? »

Il me regarda tout étonné et comme si j'avais été aussi fou que lui. Cependant, comme j'avais l'air d'être sûr de mon fait, il accepta avec empressement cet appui inespéré; et nous nous donnâmes rendez-vous chez moi pour le lendemain.

Le lendemain mon jeune homme fut exact : à neuf heures du soir il était chez moi en grand habit de bal.

« Eh bien! me dit-il tristement, savez-vous quelque chose de notre bouquet?

— Non, lui dis-je, je ne puis rien vous dire. Et d'ailleurs cela ne serait pas habile de reporter ces fleurs fanées et profanées aux pieds d'une autre femme; mais, croyez-moi, vous êtes amoureux, donc vous êtes superstitieux comme un païen. Mettez donc tout simplement à votre boutonnière ce brin de Serpolet à demi brisé : j'espère que vous ne vous en trouverez pas plus mal; c'est un talisman qui m'a déjà porté bonheur. Rappelez-vous seulement que je vous le prête et que je ne vous le donne pas.

Il me regarda d'un air si triste que j'eus envie de lui rire au nez; mais cependant il se laissa faire (on s'accroche même à un brin d'herbe quand on aime), et nous sortîmes, lui et moi, pour aller au bal de Mme de Melcy, à laquelle il devait me présenter. Nous entrons. Les deux rivaux étaient déjà dans la place, où ils avaient introduit les plus belles fleurs et les plus rares. Les salons se remplissaient lentement; la belle veuve était triste et rêveuse. Le jeune homme me présente : elle me salue de cette façon languissante qui veut dire : *A la bonne heure!* quand tout à coup son regard s'anime, le sourire revient sur ses lèvres.

« Bonjour, Arthur, dit-elle au jeune homme. Vous venez bien tard ce soir! »

Un mois après Mme de Melcy épousait Arthur. Ce jour-là Arthur portait encore à la boutonnière mon brin de serpolet.

« Arthur, lui dis-je, maintenant que mon talisman a eu tout effet, vous me le rendrez ce soir.

— Quoi vous rendre? dit Mme de Melcy.

— Ce brin de serpolet, Madame, reprit Arthur. Il me l'a prêté il y a un mois, il est à lui; et le voici. »

En même temps il faisait mine de me le rendre avec un gros soupir.

« Par pitié, s'écria Mme de Melcy, laissez-le-lui !

— Et que me donnerez-vous, Madame ?

— Tenez, reprit-elle tout bas, rien pour rien. »

Et elle sortit de son sein l'autre moitié de la branche desséchée qu'elle avait tranchée avec ses dents.

Je retournai chez Mme Prevost, et je lui racontai mon histoire.

« Bon ! dit-elle. Je ne croyais pas si bien faire... Et vous avez revu Mme de Melcy ?

— Elle est partie pour sa terre de Normandie, lui répondis-je.

— Parmi le thym et la rosée, » ajouta Mme Prevost en chantant doucement.

Mais, hélas ! elle n'est plus, la digne femme ! Elle si bonne, si indulgente, si intelligente à force d'âme et de cœur, la voilà qui est morte avec la dernière rose de juin ! Comment elle est morte et pourquoi, Dieu le sait ; mais c'est une grande perte pour cette ville. Avec Mme Prevost l'année a perdu son printemps, le bal a perdu sa plus fraîche parure, le Théâtre-Italien ses roses toujours nouvelles. Elle avait fait du bouquet une science, de la plus petite fleur un langage ; elle savait toutes les langues que parlent les roses, elle entendait ce que se disent les marguerites dans les bois, ce que raconte le chèvrefeuille aux vieilles tourelles ; elle devinait les murmures des violettes et les soupirs des dahlias captifs dans leur prison ; elle était la providence de toutes les passions jeunes et inspirées, elle nous avait délivrés de l'élégie amoureuse, du dithyrambe galant ; elle avait remplacé par les fleurs odorantes les insipides bouquets à Chloris, et ainsi de toutes ces poésies prétendues badines qui ne pouvaient guère lutter contre les fleurs de son jardin. Elle n'est plus ! il n'y a plus de poésie dans la rose, il n'y a plus de parfum dans la violette ! les fleurs d'hiver ne sont plus que des fleurs dont on se pare une heure et que l'on jette au coin de la borne. Qui donc, maintenant qu'elle est morte, nous fera tout un drame avec un brin de serpolet ?

Et le livre de Mme Prevost, savez-vous ce qu'il est devenu ? Mme Prevost l'a brûlé elle-même vingt-quatre heures avant de mourir ! Elle suivait d'un regard tranquille la dernière étincelle de ce feu léger qui consumait tant de serments si peu tenus, tant de prières si souvent exaucées, tant de promesses jetées au vent. Avec Mme Prevost sont ensevelis tous les mystères du cœur humain, qu'elle avait découverts, dont elle seule elle eût pu écrire l'histoire avec une épine de rose, serments plus légers que la feuille d'automne, paroles d'amour que l'écho emporte, vagues parfums moins fugitifs que ces serments d'amour, histoire du monde parisien, que je me garderais de révéler quand bien même Mme Prevost ne me l'aurait pas expressément défendu.

CROQUIS

Bon! vous attendez un chef-d'œuvre pour juger notre homme, l'an prochain, à l'exposition, n'est-ce pas? quand son œuvre sera encadrée entre quatre bâtons d'or, numérotée, à une belle place, sous le beau jour du grand salon, et expliquée dans la très-mauvaise prose du livret? C'est alors seulement que vous jugerez mon artiste, bourgeois que vous êtes! C'est une si belle chose que l'exposition, le cadre d'or, le numéro d'ordre et le livret! Attendez donc encore un an, et pendant tout ce temps gardez-vous d'acheter un seul tableau de notre peintre. Vous achèterez le tableau de l'exposition, fait pour l'exposition, fait tout exprès pour elle, jugé par les jugeurs, jugé par vous, profond connaisseur du beau. Attendez donc l'exposition.

A vous le tableau d'apparat, léché, joli, poli, vernis, paré, exposé en public avec toutes ces humiliations que l'art doit subir quand il veut plaire à la foule; à moi le tableau naïf, rude, échappé tout à l'heure à la brosse. A vous le tableau fait au pinceau; à moi cette esquisse. A vous toutes les couleurs amoncelées; à moi ce premier jet. A vous tout le reste! moi, je veux encore moins que cela. Voilà un poëte qui passe : prenez son poëme épique en douze chants, prenez sa méditation la plus polie, sa méditation en bateau (c'est l'usage d'être *en bateau* pour les poëtes), prenez sa brochure politique (M. de Lamartine vient de faire une brochure chez Gosselin); prenez sa brochure, prenez son poëme, prenez ses vers: moi, j'attendrai que mon poëte vienne à rêver, qu'il ait un rêve bien confus, bien difforme, haut et bas, enfer et ciel, chaumière et palais, échafaud et trône, exil, royauté, joie, douleur, amour, passions, vengeance, larmes amères, éclats de rire. Prenez tout ce que le peintre a fait de mieux, prenez jusqu'à son discours à l'Académie; moi, je prendrai son rêve tout seul, tout nu : je serai mieux partagé que vous avec vos livres reliés par Thouvenin.

Ainsi, pour le peintre (j'entends le grand peintre

comme M. de Lamartine est le grand poëte), prenez ses chefs-d'œuvre, laissez-moi ses rêves. Le croquis, c'est le rêve de l'artiste, c'est sa pensée qui court, diffuse, scintillante, capricieuse, sentimentale, rieuse, folle, qui passe du portrait à la caricature, de la joie aux larmes, du grand seigneur au bourgeois. Allons, artiste fantasque, jette éparses sur ce papier toutes les folies de ton cerveau, le soir, quand il pleut au dehors, quand ton feu est allumé, quand ton livre favori est ouvert, quand ton vin de Bordeaux est débouché! Allons, fantasque, compose pour toi et pour moi; oublie le marchand, le bourgeois, le grand seigneur, le ministère de l'intérieur et la liste civile, ces fléaux de l'art; sois bonhomme, sois artiste en bonnet de nuit, en robe de chambre et en pantoufles, artiste comme tu l'étais à quinze ans, quand tu couvrais de figures informes tes livres, tes papiers, les murs de ton père, toutes les murailles de la rue, charbonnant toujours et partout, montant sur l'échelle pour faire ton premier plafond avec un tison à peine éteint. Oh! les délicieuses compositions que tu faisais alors! Le dernier plafond de M. Ingres, notre Raphaël, n'égale pas ces premiers jets de ton cerveau. Encore une fois donc, mets la bride sur le cou de ta pensée, marche à ta guise; jette la forme sur ton chemin, jette-la à pleines mains, çà et là, dans le coin de ta planche, au milieu, dans le ciel, plus bas que terre. Qu'importent, je te prie, la logique et la perspective? le caprice sera ton dieu, le hasard sera ton guide. Heureux mentor! Il est si facile de lui obéir, à ce premier gentilhomme de l'imagination et de la pensée, le hasard, toujours prêt à approuver, à louer, à vous récompenser de votre ouvrage, quel qu'il soit!

Et voilà Charlet dans sa barque, lui aussi! voilà Charlet qui rêve comme Hoffman! La rêverie fantastique, c'est si admirable et si beau rêver ainsi! Le monde au delà des sens scintille, varie et marche dans tous les sens; monde étrange qui se démène dans un fluide coloré, qui nage à petites brassées dans cette mer de vagues parfums; enthousiasme incertain qui donne une vie, une forme, un langage, une animation à la table du cabaret, au verre qui gémit, à la bouteille qui éclate, au feu qui s'anime, à l'horloge qui se dandine comme un maître de danse à son premier entrechat. Eh quoi! il n'y aurait de monde fantastique que pour le buveur, et l'amoureux, et le poëte! il n'y aurait de sixième sens que pour ces fous privilégiés! Oh! que non pas! l'artiste est fantasque aussi, et le peintre a, lui aussi, son dieu aveugle, son hasard. L'imagination vaporeuse de la nuit tend aussi à Charlet ses bras de nuages; elle le berce, lui aussi, sur son sein à demi nu; elle le réchauffe de ses tièdes baisers, elle le couvre de ses cheveux. Dors, mon timide Charlet; dors, mon fils, dors, balancé par elle; rêve ta gloire. Un instant quitte le tableau qui te fatigue; cesse un instant de chercher des couleurs et des ombres et d'arranger méthodiquement tes personnages; cesse de faire de la peinture pour les autres, fais-en pour toi; renvoie avant l'heure ton charmant modèle, Jenny qui tremble, qui tient d'une main son dernier jupon, Jenny que le froid a saisie dans l'atelier, que son amant attend dans la mansarde, et qui aura à souper ce soir pour elle et pour lui. Rêve donc, Charlet. — Et voilà Charlet qui rêve, le voilà qui se laisse aller à l'imagination de la nuit, jolie courtisane aux yeux bleus, aux cheveux cendrés, à la robe grise. Rêve dans ses bras jusqu'à minuit si tu veux, bon Charlet; enivre-toi une nuit avec elle, Charlet; encore un rêve dans ses bras, bon amoureux Charlet, nous aurons un tableau de moins, mais aussi un croquis de plus.

Voyez son rêve : il rêve de ses amours de la veille. Le chasseur rêve de chasse, le chien aboie contre un cerf imaginaire, le comédien s'entend applaudir par un parterre enthousiaste, l'amant embrasse les blanches mains de sa maîtresse, l'écolier s'échappe à travers champs et il entre dans la vie littéraire, pauvre enfant qui ne voit pas l'abîme caché sous les fleurs. A cette heure le rêve est partout, prenant toutes les formes, usurpant toutes les places : l'exilé est sur son trône, la duchesse qui revient du bal règne encore et galope dans ses vastes palais ; la courtisane a tendu son piége le plus habile, elle a appliqué son plus beau rouge, elle tient à la main son plus fin mouchoir, elle a graissé ses cheveux de la meilleure pommade, elle s'est embaumée de son parfum le plus fort, elle attend, bouche béante, un chaland qui va passer. Oh ! le rêve ! le rêve ! que c'est beau et bon, le rêve dans un temps de révolution, dans un temps sans progrès, époque d'ennuis, de déceptions cruelles, de mortifications sans fin pour nous artistes ! Le rêve qui fait jaillir l'amour ; le rêve qui venge, qui punit, qui récompense ; le rêve, c'est la vie, c'est le bonheur, c'est notre vie colorée, diminuée, amoindrie, embellie, rendue supportable ; c'est le croquis de notre existence, si belle encore quand on a à ses ordres du style ou de la couleur.

Voyez comme rêve Charlet ! Il a les rêves tout neufs du chien ou de l'enfant. Il est tout à sa passion ; il rêve, il sait rêver, il n'a pas de cauchemar, on le voit. Il ne tient pas la bouche ouverte en rêvant, il ne trouve pas à son réveil son gosier aride et desséché ; il rêve la tête penchée, bien couché, mollement couché; il rêve alors des enfants qu'il a faits; jolis enfants tout nus, tout riants, tout ébouriffés, vrais bohémiens de grandes villes. Ces enfants sont à lui, Charlet; il les a habillés en blouse et en casquette, il leur a donné un nom et une couleur, il leur fait des mots comme M. Beugnot en faisait à Louis XVIII. C'est Charlet qui lève ces enfants le matin, c'est lui qui les promène le matin, qui leur donne à déjeuner; c'est lui qui les mène à l'école avec les mutuels; enfants curieux, enfants malins, bons enfants. Entourez le rêve de Charlet, penchez-vous sur son front et rafraîchissez-le de votre souffle parfumé. Puis l'enfant s'en va; Charlet reste seul dans la rue. Soyez tranquilles, Charlet trouvera quelque chose dans la rue, quelque jeune femme blanche portant son enfant dans ses bras, ou bien un enfant sur un cheval, ou bien quelque pauvre diable cheminant avec le sac sur le dos, ou bien quelque vieillard sur sa porte dans son fauteuil, ne pensant à rien; Charlet verra tout cela. Heureux, il verra tout un drame aux mêmes lieux où nous ne voyons rien, nous autres qui passons; il saisira la vie vulgaire et il en fera une poésie. Charlet dormant, Charlet en croquis va animer toutes ces places, faire marcher toutes ces formes. Il a des rires et des grimaces pour ces visages; il a des ombres pour lier entre eux tous ces personnages épars, pour donner une vérité quelconque à son rêve. Il est là tout entier dans cette page si vague, si rêveuse, si vivante. Il a des femmes, des enfants, des chevaux, des hommes qui se reposent, des hommes haletants, des figures qui grimacent. Cherchez la figure de l'empereur dans cette planche; l'empereur y est sans doute : où l'empereur n'est-il pas dans les ouvrages de Charlet! dites-moi où il n'est pas dans les chansons de Béranger. Charlet, comme Béranger, comme Byron, a deviné des premiers que l'empire était toute une poésie. Il a vu les camps, il a bu avec les vieux soldats, il a embrassé la jeune cantinière, il s'est découvert quand le grand homme passait, il s'est mis à deux genoux et le front prosterné dans la poussière quand il a appris sa mort. Aussi Charlet est un des rois de ce monde impérial, vu sous son côté poétique. A lui ce monde, à Byron ce monde, à Béranger ce monde, à eux trois ce monde ; ce monde sous les tentes, dans les camps, dans les corps de garde, au bivac. D'autres peut-être le prendront plus haut, ce monde impérial, ils le reprendront en batailles rangées, dans les palais, dans les villes conquises, au Saint-Gothard, à Dresde ou à Berlin. A Charlet la comédie de l'empire, le drame de l'empire, le drame bourgeois du soldat. Aux autres l'histoire et la tragédie en cinq actes; à

Charlet le croquis, à Béranger la chanson. Aux autres le volume, le poëme, le grand tableau, la gravure de Forster; à moi, s'il vous plaît, l'esquisse, le trait, le croquis; à moi le rêve.

Je suis le mieux partagé de tous, après Béranger. après Charlet.

A CHARLET

CHARLET, j'aime vos enfants autant que j'aime vos soldats.

Vos soldats sont goguenards, spirituels, insouciants, flâneurs. Vos enfants sont vifs, jolis, musards, malins; mais il me semble que, comparés à ce que vous faites pour vos grognards, ou seulement pour vos conscrits, vous êtes un père bien dur pour vos enfants, mon bon Charlet!

Vous donnez à vos soldats tout ce que vous pouvez leur donner: du pain, du vin, de la poudre, du fromage, des fusils, qui ne sont pas des fusils Gisquet du tout; du tabac à fumer, à priser et à chiquer; des cuisinières qui mettent en réserve le premier bouillon de l'amour; toutes les délices de la vie, en un mot, vous les donnez à vos soldats; après la bataille d'Austerlitz, Napoléon ne faisait pas mieux pour sa bonne armée que vous pour la vôtre, Charlet.

En effet, que manque-t-il à vos soldats? Ils jouent, ils chantent, ils se battent, ils font l'amour, ils s'en vont de chez leurs parents, ils rentrent chez leurs parents; autrefois même vous leur donniez la croix d'honneur; et aujourd'hui, par une nouvelle et touchante sollicitude, depuis nos légionnaires par boisseaux, vous ne donnez plus la croix d'honneur, même aux plus vieilles moustaches. Vous veillez sur la considération qui leur est due, et, plutôt que d'en faire des chevaliers, vous aimeriez autant les appeler ducs et marquis; d'autant plus que vous en avez le droit, Charlet, comme cela a été suivi il y a trois jours.

Enfin, mon ami, je serais trop long si je voulais énumérer tous vos bienfaits pour votre armée. Vous êtes un bon compagnon pour les braves, mon général. Quelle armée est plus heureuse que la vôtre? Je suis sûr qu'à voir seulement vos guerriers se réjouir et à les entendre parler aux portes des vitriers, dans les boutiques de barbiers, et chez nous tous qui préférons l'ombre d'un Charlet au plus excellent tableau de genre en chair et en os, il s'est fait plus d'engagements volontaires que n'en saurait faire le gouvernement lui-même, tout gouvernement qu'il est.

Or ceci me préoccupe et m'afflige pour toi, mon général, pour toi, le petit caporal en redingote grise de tant de corps de garde et de bivacs : c'est que, si tu es essentiellement bon et complaisant pour les guerriers, en revanche tu es essentiellement dur et impitoyable pour les enfants.

Je te le demande, quel mal t'ont donc fait ces jolis enfants pour être si acharné contre eux ? A peine as-tu fait un enfant mutin, railleur, espiègle, l'œil vif, la peau blanche, la dent saine, la main friponne, le pied petit, il faut absolument que tu mènes cet enfant à l'école, méchant que tu es ! Vite, donnez aux enfants de Charlet un livre, un cornet, une écritoire, un bonnet d'âne, un maître d'école; conduisez-les chez les Frères ou chez les Mutuels : ainsi le veut Charlet; il faut que les enfants de Charlet aient un livre à la main et un pédagogue derrière le dos. Pauvres, pauvres enfants! Et les voilà qui bâillent à se décrocher les mâchoires! les voilà qui tendent la main au châtiment, qui font deux heures de faction à genoux; les voilà qui se moquent impitoyablement de leur maître, sûrs d'être fouettés à leur retour! Appelles-tu donc cela être bon et paternel, Charlet? Quand tu te regardes dans la glace, n'es-tu pas honteux de ton personnage et de ton air dur pour ces enfants, ta création? T'es-tu donc figuré qu'il n'y avait dans la vie d'un enfant que ceci : *Apprendre à lire !* Oh ! quelle erreur, mon pédagogue ! quel crime, mon bon père ! Que diable voulez-vous que vos enfants deviennent s'ils savent lire ? Voici encore un enfant que vous faites ! L'enfant n'est pas plutôt fait que vous le placez entre les genoux d'un vieillard qui lui apprend à lire. Mais, encore une fois, vous perdez cet enfant, cruel Charlet ; vous lui abrutissez l'intelligence, vous déformez cet esprit si naïf et si jeune ! Charlet, Charlet ! il en est temps encore, c'est à peine s'il sait épeler, votre nouvel enfant : arrachez l'alphabet des mains de cet enfant, rendez-le à ses jeux folâtres, prenez pitié de lui, Charlet !

Prenez pitié de lui ! essayez de ne pas lui apprendre à lire. Quand il saura lire, qui vous dit, Charlet, qu'il sera assez sage pour ne jamais ouvrir un livre ? et s'il ouvre un livre, n'est-il pas perdu sans retour ? A vous voir faire ainsi le maître d'école, ne dirait-on pas que nous sommes dans un temps de chefs-d'œuvre et qu'on publie tous les jours des livres lisibles ? O mon ami ! vous qui ne lisez jamais, j'imagine, car sans cela comment auriez-vous tout l'esprit que vous avez ? mon ami Charlet, dans votre ignorance complète, dans votre atelier en désordre, dans votre molle et béate paresse, improvisateur nonchalant qui jetez au vent vos chefs-d'œuvre comme le vieil Homère jetait ses vers à la foule, pourquoi voudriez-vous, Charlet, qu'il n'y eût que vous exempt de lire nos chefs-d'œuvre de chaque matin ? Voyez-vous, l'art de lire, aujourd'hui, c'est le crétinisme poussé à son dernier degré ; savoir lire, aujourd'hui, c'est être exposé à chaque instant aux romans de nos femmes bel esprit, aux mémoires des valets de chambre et des dames de compagnie, aux histoires écrites par les préfets de police, aux statistiques à trois couleurs, aux comédies en cinq actes de M. Bonjour ; savoir lire, aujourd'hui, c'est n'avoir en soi-même aucun moyen d'éviter les journaux, les brochures, les revues, les prospectus, les chansons séditieuses et autres, les injures des écrivains du ministère, en un mot tout l'attirail de la pensée littéraire et politique qui déborde de toutes parts et qui menace d'inonder, si cela continue, nos esprits, nos âmes, nos cœurs. Et tu voudrais, avec de pareils dangers, continuer à faire apprendre à lire à tes enfants, Charlet !

Tu ne songes donc pas, malheureux, que presque tous les coupletiers savent lire ? que, sur trois faiseurs de mélodrames, il y en a deux qui savent lire, et que le troisième connaît presque toujours ses lettres ? As-tu songé à cela, toi, insouciant philosophe, père dénaturé, homme immoral, avec ta rage de faire épeler les enfants? as-tu songé à cela que peut-être tu nous élevais des faiseurs de romans en quatre volumes, des créateurs de vaudevilles par moitié et par tiers? as-tu songé à tout cela, toi leur ami, toi leur père? as-tu songé à l'ennui qui persécutera ces enfants s'ils savent lire, à l'ennui qu'ils nous donneront s'ils se mettent à écrire? Je sais bien que cela t'est bien égal à toi, flâneur qui bois et qui fumes, et qui t'épanouis au soleil comme une huître; mais à nous qui lisons, à nous qui allons au théâtre, à nous oisifs occupés de livres et de drames, il nous importe beaucoup qu'on n'apprenne plus à lire à personne, plus à écrire à personne, que le monde des écrivains s'éteigne d'épuisement, afin que nous soyons tous aussi libres, aussi heureux, aussi insouciants que toi, mon Charlet; afin que nous n'ayons plus rien à entendre, plus rien à juger, plus rien à voir que ton œuvre à toi, mon génie, ou, pour mieux dire, les trois et quatre coups de crayon que tu appelles ton œuvre, cette espèce de hasard qui ressemble si fort au fini du génie, ce quelque chose que tu sais faire les yeux fermés, si fort ton cœur est ouvert! tant il y a d'intelligence dans ton âme! Ainsi donc, arrache-moi le livre des mains de cet enfant.

Plus de livres pour les enfants; plus de livres, plus de maîtres. Laisse-les courir dans la rue comme des bohémiens, laisse-les se vautrer dans la fange comme des canards, laisse-les se moquer de tout ce qui respire comme ferait Molière lui-même, comme tu fais toi-même, innocent et redoutable Charlet. C'en est fait, jette la bride sur le cou de tes enfants comme sur le cou de tes soldats; sois aussi bon pour les uns que pour les autres, sois la providence des uns comme tu es la providence des autres; qu'on bénisse ton nom dans les quinconces comme dans les casernes. Soldats et enfants, joignez vos mains et répétez votre *Pater*, la bouche pleine: *Notre père Charlet, qui êtes à Vaugirard entre tes fleurs et ta femme, ton pot de bière, ta pipe et quelques grognards de la première espèce, priez pour nous!*

Voilà ce que j'avais à te dire, Charlet. Prends pitié de tes enfants; et puis bénis-moi quelque peu, mon grand artiste. Envoie-moi un morceau de ta vieille chemise; laisse-moi fumer dans ta pipe la plus noire, Charlet, mon héros, mon grand saint, mon sublime patron; que je puisse baiser quelqu'une de tes reliques: car je suis dévot à ton génie, car je suis très-humble serviteur de tes soldats et l'ami le plus niais de tes petits enfants.

Bonjour, Charlet!

LES DEUX FRÈRES

ALFRED ET TONY JOHANNOT

Mai 1832

Ils sont nés de parents français à Olsbach, principauté de Hambourg. Ils ont été entourés à leur berceau de l'enthousiasme et du génie allemands et de la vivacité française. Ce qu'il y a de bien senti et d'intime dans leur pensée, ils le doivent à leur patrie; ce qu'il y a de vivacité dans leur exécution, ils le doivent à leur famille. Enfants nés pour l'art, dont le premier regard est tombé sur des chefs-d'œuvre, et qui sont venus en ce monde, comme nous autres, au bruit de victoires de toutes sortes et de conquêtes de tous les genres. Français, ils devaient être à eux deux l'expression et le reflet d'une pensée germanique qui s'exprime en français et qui pense en allemand. Ces deux jeunes gens, qui font notre orgueil dans une certaine partie de l'art, ont été unis dans le berceau moins encore par les liens du sang que par la même admiration pour les chefs-d'œuvre, cette grande fraternité des artistes. C'était beau de naître alors dans cette Allemagne qui méditait la liberté, et de naître de parents français à l'instant où la France impériale dominait le monde par la double force de la liberté révolutionnaire et du despotisme guerrier. 1804 sera en effet la grande année de l'ère nouvelle; tous les hommes nouveaux de quelque force aujourd'hui sont nés en même temps que le siècle. Les deux frères Johannot sont entrés en se donnant la main dans ce siècle où commençait l'empire, l'empire si brillant, si glorieux, si noble, et qui devait sitôt finir!

Leur père avait été poussé en Allemagne par une de ces vocations poétiques tout individuelles et qui sont peu jalouses de se révéler au monde. C'était un de ces artistes cachés, artistes pour eux seuls, qui aiment l'art pour eux-mêmes et pour leurs enfants, et qui font jouer leurs enfants avec des chefs-d'œuvre comme d'autres avec des jouets futiles; sauf à l'enfant, s'il a de l'âme et du cœur, à se mettre à genoux devant le chef-d'œuvre qui lui sert de jouet. Ainsi firent-ils tous les deux, ou plutôt tous les trois, car ils entrèrent trois frères dans la carrière, trois jeunes enfants d'une âme égale, d'une intelligence égale, d'un génie égal. L'aîné s'appelait Charles, le second Alfred, le troisième Tony. Ils firent ensemble leurs premiers pas. Charles marchait à pas de géant : la mort l'a arrêté dans sa course ; il est mort encore encourageant ses deux frères du regard, du geste et du cœur, leur montrant sa famille et l'avenir ; il est mort avec la réputation et les succès d'un grand artiste déjà ; il est mort en 1824, laissant après lui ses deux frères d'abord, et sa belle planche du *Trompette,* d'après Horace Vernet, qui est tout simplement un chef-d'œuvre.

A dix ans, et après que les deux frères eurent étudié de toutes leurs forces la poésie allemande et l'art allemand, leur père les mena en France. L'époque était grande alors, et bien choisie pour l'artiste : l'école française accomplissait, en se perfectionnant, l'école de David ; les héros grecs et romains, que nous avions vus tout nus jusqu'alors, s'habillaient enfin et prenaient un costume tout français ; nous renoncions enfin à l'antiquité, aux sujets de la mythologie et aux tableaux chrétiens, pour faire de la peinture une œuvre du jour, une poésie de l'année présente, une page de l'histoire à venir. M. Gros et Bonaparte étaient alors l'un et l'autre dans toute leur force et dans tout leur éclat; Bonaparte faisait pour les peintres de son temps ce qu'Alexandre avait fait pour les peintres passés; seulement c'étaient d'autres batailles, c'étaient d'autres conquêtes, c'était une autre atmosphère de fumée et de feu, et de remparts croulants; que vous dirai-je? c'était la bataille d'Eylau, c'étaient les pestiférés de Jaffa; c'étaient ces grandes toiles où vous entendez les cris de deux armées, où vous assistez à la lutte des deux principes qui se partagent encore le monde. Figurez-vous deux pauvres petits Allemands de dix ans, artistes dans le cœur, qui se trouvent jetés là et sans transition devant M. Gros et Bonaparte: quel étonnement dans leur âme! quelle admiration dans leur esprit! quelle sympathie dans leur cœur! comme ils ont dû ouvrir leur âme et leur pensée à cet éclat, à ces noms sonores, à cette gloire immense qui débordait et se faisait jour de toutes parts. C'est qu'ils étaient véritablement de grands artistes, ces deux enfants! c'est que la vue de ces chefs-d'œuvre ne les découragea pas; au contraire, bien loin de se décourager, Tony prit la main d'Alfred, Alfred la main de Tony, et ils se dirent comme ce peintre de l'Italie : « Nous serons peintres nous aussi! »

Et ils ont tenu parole, les dignes frères. Le premier encouragement qui leur vint leur fut donné par un homme d'un esprit charmant, dont le nom seul rappelle des grâces plus qu'impériales et une aménité du XVIIe siècle. M. Denon ouvrit à Alfred les galeries du Louvre; il lui donna une carte d'entrée, et là il le mit en présence, et à toutes les heures du jour, de ces chefs-d'œuvre de l'antiquité romaine et grecque que nous avait donnés la conquête et que la conquête nous a ravis. A cette époque la galerie du Louvre était occupée, comme les Tuileries étaient occupées, par des supériorités qu'on ne retrouve pas deux fois dans un siècle : Bonaparte aux Tuileries, et l'*Apollon du Belvédère* au Louvre! Bonaparte aux Tuileries, et la *Vénus de Médicis* au Louvre! Bonaparte aux Tuileries et la *Transfiguration* de Raphaël au Louvre! Bonaparte aux Tuileries, et Rubens au Louvre! Quelle époque! En ce temps-là le voyage en Italie était à deux pas de nos artistes de France; ils n'avaient plus besoin de franchir les Alpes pour aller à Rome; ils n'avaient qu'à monter les soixante marches de l'escalier du Louvre : Rome, Naples et Florence allaient de plain-pied avec le pavillon de l'Horloge. Toutes ces grandeurs se donnaient la main, grandeurs d'un jour, grandeurs qui n'étaient pas sous leur soleil, chefs-d'œuvre que réclamait l'Italie, cette grande ruine; grand homme que réclamait Sainte-Hélène, ce vaste tombeau. Ils sont donc partis le même jour de la France, Raphaël, Rubens et Bonaparte; l'*Apollon* et la *Vénus*, et Bonaparte; ils sont partis pour la même cause; ils ont succombé sous les mêmes foudres : ils sont destinés à la même immortalité.

Nos jeunes gens passèrent donc une belle année dans ce beau lieu; ils étudièrent de toutes leurs forces ces grands chefs-d'œuvre dont nous n'avions qu'un usufruit d'un jour; ils dessinèrent beaucoup surtout, car les Johannot ont été convaincus de bonne heure de la nécessité du dessin, et de la nécessité de l'étude, et de la réserve avec laquelle on devait tenir son enthousiasme en bride. Un jour qu'Alfred était occupé à dessiner, un homme passa près de lui, se pencha sur son dessin et le regarda avec des yeux d'aigle. En se relevant il donna un petit soufflet sur la joue d'Alfred. C'était le soufflet de l'empereur, c'était la main de l'empereur, c'était un rayon qui tombait d'en haut sur cet enfant prosterné aux pieds des chefs-d'œuvre, et que l'empereur Napoléon traitait familièrement comme il eût traité un héros de la grande armée, tant cet homme avait d'instinct!

Ils ne restèrent pas longtemps en France : leur père fut rappelé par ses fonctions en Allemagne, et ils suivirent leur père, parcourant l'Allemagne en artistes, étudiant les vieux tableaux, les vieux débris, les vieux monuments, tout ce moyen âge féodal et religieux dont nous nous sommes avisés plus tard, nous autres, mais qui éclate si puissamment en Allemagne. Ainsi, après avoir passé d'Allemagne en France, ils vinrent de France en Allemagne; si bien qu'ils purent comparer à leur aise les deux génies si différents de ces deux nations si diverses. Rien n'est perdu pour les esprits qui ont de l'avenir; tout leur profite, le moindre écho venu de loin, le moindre reflet venu de loin. Ils rentrèrent en France en 1814. L'époque et la France étaient bien changées! Elle était si découragée, la France! Aussi ils s'arrêtèrent à moitié chemin de Paris. Ils savaient le Louvre dévasté et les Tuileries désertes; ils savaient que l'*Apollon* était parti : que leur importait le Louvre? Ils s'arrêtèrent à Lyon. A Lyon, ils rencontrèrent cette exécrable école dirigée par M. Revoil, mauvaise et insipide copie de l'école flamande, qui a toute la niaiserie de l'école flamande sans avoir ni son esprit ni sa couleur; espèce de tour de force mécanique où les petites choses prennent une importance ridicule, où le détail est tout, où la minauderie l'emporte sur la grâce. C'est là que s'arrêtèrent les Johannot; mais, à son premier aspect, l'école leur fit horreur; ils lui échappèrent, ils se retirèrent bien loin de ses enseignements perfides. Ils travaillèrent de souvenir ; ils s'en tinrent à la nature de toute leur force. Qui dirait, en effet, en voyant cette manière si simple, si vraie et si pure, que les Johannot ont passé par Lyon? Enfin le malheur ou plutôt le bonheur ayant voulu que leur père fût complétement ruiné, les frères Johannot vinrent à Paris en 1818, et là ils commencèrent à faire un métier de leur art; ils commencèrent dans la pauvreté obscure, comme ont commencé tous les grands artistes; ils eurent recours, eux aussi, aux marchands de la rue Saint-Jacques. De tous temps, la rue Saint-Jacques a été le refuge des pauvres gens qui commencent, l'un avec un livre, l'autre avec une image; singulier quartier d'où sont parties toutes les illustrations de la France littéraire et politique, mélange inouï de vieux livres et de mauvaises estampes! Ce sont pourtant ces vieux livres et ces mauvaises estampes qui ont servi de marchepied à plus d'une gloire présente et passée, qui ne s'en est pas vantée toujours. Les frères Johannot ont été plus reconnaissants pour la rue Saint-Jacques : ils se rappellent encore le temps où ils gravaient en pleurant de mauvais dessins pour les psautiers des bonnes femmes ou les abécédaires des enfants. Ils commencèrent donc par être presque des artisans, faisant leur tâche pour vivre, artisans le jour, artistes le soir, faisant leur métier et obéissant à leur vocation en même temps. Peu à peu ils descendirent des hauteurs du quartier latin; ils abandonnèrent les images et les psautiers; peu à peu le pavé devint meilleur. Ils quittèrent la librairie sacrée pour la librairie profane, sainte Thérèse pour Voltaire, les Pères de l'Église pour Racine et La Fontaine. Desenne infestait alors la librairie de ses dessins grotesques, véritables caricatures sans physionomie, sans expression et sans vérité : les Johannot eurent l'honneur de graver les dessins de Desenne; il fallut qu'ils se missent à la suite de ces froides et monotones compositions, ces jeunes gens qui sentaient en eux-mêmes tant de variété d'expressions! Ils travaillèrent ainsi sous Desenne longtemps, pour Voltaire, pour Racine, pour l'abbé Delille, le poëte-roi de cette époque, roi méthodique et compassé, roi comme Desenne était roi, ni plus ni moins.

Peu à peu le chemin devint encore meilleur. Scheffer commençait alors : il avait fait les *Orphelins* et les *Enfants égarés*, compositions pleines de sentiment et de simplicité, les premières dans leur genre, dont le *Convoi du pauvre* est le chef-d'œuvre pour la pensée, et dont on a abusé depuis jusqu'à satiété, soit comme pensée, soit comme exécution.

Les deux Johannot gravèrent les *Orphelins* et les *Enfants égarés*. Plus tard ils gravèrent l'*Ourika* du baron Gérard, médiocre composition, d'une gravure difficile, et dont le baron Gérard aura voulu sans doute les dédommager en leur confiant son tableau de *Louis XIV présentant Philippe V à l'ambassadeur d'Espagne,* grande composition plus théâtrale que dramatique, où toutes les têtes ont le même caractère et la même expression. Cette gravure, qui est très-avancée, est destinée à servir de pendant au *Gustave Wasa* de Dupont, ce chef-d'œuvre de la gravure moderne. Ce fut à la même époque que M. Gérard confia à Tony la gravure du portrait en pied du général Foy, publié en 1828.

Ici se termine la partie purement laborieuse de Tony et d'Alfred. A force de graver les compositions des autres, ils finirent par songer qu'eux aussi peut-être ils pourraient se graver à leur tour. Leurs profondes et tenaces études avaient été interrompues même par leurs travaux les plus intéressants. Dès qu'ils eurent un peu de loisir, toutes leurs études passées se retrouvèrent, et ils se dédommagèrent amplement de tant de veilles, de tant de nuits de travail, de tant de regrets amers, de tant de travaux stériles et sans gloire : ils furent peintres avec passion dès qu'ils furent assez riches pour obéir à leur passion, ou, pour mieux dire, à leur vocation d'artistes. Une circonstance très-heureuse dans leur vie vint leur donner le moyen de réaliser leur beau rêve d'autrefois ; cette circonstance, la voici. L'homme qui a le plus amusé le monde, cet homme qui vient de mourir en Angleterre comme Gœthe est mort en Allemagne et Cuvier en France, afin que ces trois grandes patries de la pensée et de l'art tombassent le même jour au même déplorable niveau, Walter Scott avait jeté en France un assez grand éclat pour que la France (chose rare, car elle est mesquine en fait de beaux-arts et elle ne sent guère) se décidât à vouloir une édition de luxe des œuvres du grand romancier. Un libraire de Paris, Charles Gosselin, homme d'esprit et de goût, se hasarda à imprimer sur du papier vélin les œuvres du romancier, qu'il n'avait osé jusque-là imprimer que sur du papier à sucre ; il osa faire d'un roman un beau livre; et je ne crois pas que jamais Walter Scott ait obtenu un succès plus grand quelque part que celui-ci, à savoir un livre cher dans un pays comme la France; car, il faut le dire, en fait de livres, la France est le plus misérable pays qui se puisse imaginer. Il est impossible en effet de se figurer quelle sordide avarice nous possède, nous autres, toutes les fois qu'un livre nouveau vient à paraître : il n'y a pas six cents personnes dans toute la France qui achètent un livre pour elles seules. Pendant qu'en Angleterre ce serait une honte d'emprunter le livre de son voisin, chez nous c'est plus qu'une habitude, c'est une mode : les plus belles dames du plus grand monde ne rougissent pas d'envoyer louer pour quelques deniers, dans un cabinet de lecture, le même volume fangeux qui a été lu la veille par leur frotteur ou par leur femme de chambre. Ces pages salies, huileuses et infectes, ne leur causent aucun dégoût; le livre, échappé de ces mains équivoques, fait le tour d'une maison, passant plus d'une fois par l'écurie avant d'entrer au premier étage. Les plus grands noms de la France littéraire sont soumis à cet outrage; vous sentez bien que Walter Scott n'a pas pu y échapper : aussi n'y a-t-il pas échappé. Il a fallu qu'il eût produit tous ses chefs-d'œuvre pour que Gosselin lui-même se décidât à les faire paraître autrement que sur des chiffons à cabinet de lecture. Mais enfin l'édition fut arrêtée, et c'est de ce jour que datent la fortune et la gloire des deux frères Johannot.

De ce jour ils ont enfin été les maîtres de leur art, ils ont réalisé les beaux rêves de leur première jeunesse : ils ont dessiné d'après leurs tableaux et gravé d'après leurs propres dessins; ils se sont emparés de Walter Scott comme d'une conquête, comme d'un homme à eux; ils ont fouillé dans ses romans comme lui-même il avait fouillé dans l'histoire, choisissant comme lui les plus belles scènes, dessinant les plus grands personnages, s'arrêtant de préférence aux vierges, aux héros, aux prophètes. Quel voyage ils ont fait à travers Walter Scott! comme ils les ont admirablement dessinées et comprises, ces jeunes filles de l'Écosse au front si pur, aux robes si blanches, aux regards si doux! combien enfin ils les ont parcourus, côtoyés, ces montagnes, ces cascades, ces vallons, ces lacs mystérieux où paraît la Dame blanche, ces vieux manoirs où sont gravés les noms des rois de l'Écosse! Comme ils savent aussi, eux, leur vieille Angleterre, leur joyeuse Angleterre et leur bonne et sainte Écosse! comme ils ont pris sur le fait ces scènes d'intérieur, hôtelleries bavardes, grasses cuisines, fantômes évoqués le soir, reines en déshabillé, rois sans manteaux, guerriers sans cuissards et sans hauberts! comme ils se sont laissés aller à cet admirable vagabondage du romancier! Il est impossible d'être plus alerte que nos deux artistes, il est impossible de mieux comprendre et de mieux s'exprimer. Portez-les du roman dans le poëme, faites-les passer de Walter Scott à lord Byron : c'est toujours le même génie dramatique, la même science infinie des formes et des couleurs. Tout à l'heure ils étaient à Édimbourg, à présent ils sont à Athènes; à présent ils suivent Lara, ils suivent Childe-Harold, ils suivent don Juan. Ils font des chefs-d'œuvre avec Byron comme ils en ont fait avec Walter Scott, avec Châteaubriand comme avec Cooper enfin ; car ils ont voyagé aussi avec Cooper, ils ont été dans le nouveau monde avec lui, ils ont suivi la chasse des peaux rouges, ils ont remonté le cour rapide de l'Ohio, ils ont assisté au combat du pirate, ils ont merveilleusement saisi ces nuances fugitives de la civilisation qui commence et de la vie sauvage qui finit ; ils ont été en un mot les peintres des plus grands poëtes de l'époque, comme ils ont été les poëtes des plus grands peintres de leur temps. Walter Scott, lord Byron, Châteaubriand, Cooper, ce sont là les grandes œuvres des Johannot : ils ont attaché leurs deux noms jumeaux et leurs deux gloires égales à ces quatre grands noms, à ces quatre gloires immortelles ! Ajoutez ceci qu'en même temps qu'ils se livraient ainsi à toute leur science de peintres et de dessinateurs, ils faisaient faire un pas immense à la gravure française ; leurs vignettes, gravées sur acier avec toute la finesse des graveurs anglais, avaient chez nous un succès inusité pour des gravures. On a vendu plus de quatre mille exemplaires de ces collections ; et le goût des gravures en serait venu en France si la province pouvait prendre part à quelque chose qui soit de l'art. En même temps, et comme pour se délasser de ce travail presque épique, Tony Johannot nationalisait en France la gravure sur bois, qui en était à ses commencements les plus grossiers: sans compter les charmantes vignettes qu'il a faites pour la plupart des livres à la mode, le *Roi de Bohême et ses sept châteaux* est un chef-d'œuvre en ce genre qu'on sera bien longtemps à surpasser.

Le tableau d'Alfred Johannot, *une Arrestation sous Louis XIII*, exposé au salon passé, était un chef-d'œuvre : il est impossible de pousser plus loin la grâce de l'expression, la vérité du costume et la magie de la couleur. Je ne suis pas riche, mais quand je vis ce tableau, je me dis qu'il serait à moi. J'allai trouver Johannot : il me répondit que le roi le marchandait ; et moi, pauvre homme de lettres, sachant, un mois après, à quel prix Sa Majesté l'avait acheté, je trouvai qu'elle avait fait un bon marché, et je me plaignis que le tableau n'eût pas été donné au plus offrant et dernier enchérisseur. A présent les deux frères, parvenus à la seule indépendance où le talent sans ambition et sans intrigue puisse mener chez nous, l'indépendance de six mois d'avance sur la vie à venir, se livrent en paix à leurs profondes études, qu'ils continuent avec autant d'acharnement que s'ils travaillaient encore pour la rue Saint-Jacques. Le salon prochain doit, si je ne me trompe, révéler une nouvelle face de leur génie. Ce sont deux hommes simples dans leurs manières, pleins d'esprit, de finesse, de bonté, de grandeur d'âme. Rien n'est touchant comme de les voir s'aimer, se conseiller, s'adopter l'un l'autre; Tony fier des succès d'Alfred, Alfred heureux des succès de Tony, une seule pensée en deux personnes, une seule gloire pour eux deux, une seule poésie, un même présent, un même avenir! Ce fut une touchante pensée de M. Gigoux de réunir dans la même page le portrait de ces deux hommes que rien ne sépare, que rien ne doit séparer, de placer à côté de la tête si jeune de Tony la figure pensive et méditative d'Alfred.

MORT D'ALFRED JOHANNOT

Octobre 1835

Je ne demande pas mieux que de vous confier ce beau dessin d'Alfred Johannot (*la Dernière Communion*) pour que vous le fassiez reproduire par la gravure. Jamais peut-être ce pauvre Alfred n'a composé quelque chose de plus rempli de cette grâce touchante, ineffable, dont il a emporté le secret avec lui. Tant qu'il a vécu, j'aurais gardé pour moi seul ce tableau qu'il m'avait cédé; mais, à présent qu'il est mort, je ne me sens plus la force d'être égoïste à ce point-là. Hélas! cette main si féconde s'est arrêtée, cet esprit si net et si fin ne peut plus rien produire : c'est donc à nous qui possédons quelques œuvres inédites d'Alfred de les livrer au graveur, afin que ces œuvres deviennent la propriété de tous. Pauvre Alfred! qui donc oserait être égoïste avec une gloire comme la sienne, si jeune, si féconde, si aimable, si digne de pitié et de respects?

Et même, à propos de cette gravure de la *Dernière Communion*, voulez-vous que je vous le répète, ce que je disais quand est mort Alfred Johannot, ce jeune et excellent artiste que nous avons vu languir et s'éteindre lentement, et enfin mourir à peine âgé de trente-sept ans, âge fatal à tant de grands artistes? Cette mort, qui n'était, hélas! que trop précoce, enlève à la fleur de son âge un peintre distingué, et à l'instant même où, à force d'études, de recherches, de patience, il était parvenu à se rendre le maître de son art. Quelle grande perte pour les beaux-arts! quelle grande douleur pour les amis d'Alfred!

Alfred Johannot appartenait à une nombreuse famille toute remplie de patience, de courage et de probité sévère. Il avait trois frères qui sont morts comme lui et avant lui, tous les trois qui donnaient les plus belles espérances; l'un d'eux même a laissé en mourant cette belle gravure, *le Chien du régiment,* qui est un chef-d'œuvre. Je vous laisse à penser quelle tristesse dut jeter tout d'abord dans l'âme de cet enfant cette longue suite de funérailles! Cependant il était bien jeune encore, son père lui restait, il lui restait des sœurs, il lui restait un frère, son frère Tony ; et tous deux, s'appuyant l'un sur l'autre, ils marchèrent en avant.

Leurs premiers pas dans cette carrière des beaux-arts furent longs et pénibles. Ils commençaient à peine que déjà finissait l'empire : le temps était mauvais pour les beaux-arts. L'empereur, en ce temps-là, avait plus besoin de soldats que de graveurs, et il eût donné tous les peintres de France pour un capitaine de sa garde. Il y a, dans l'histoire, des époques mauvaises où tout ce qui n'est pas la guerre et la politique se voit condamné à l'oubli et au silence. Aussi, qui eût dit en ce temps-là à ces deux jeunes artistes qu'un jour viendrait où leurs deux noms seraient populaires, où leurs talents jumeaux les associeraient à toutes les gloires poétiques de la patrie, celui-là les eût bien étonnés; car alors, dans ces beaux jours d'heureuse misère, ils étaient trop heureux, Alfred et Tony, quand les marchands de gravures de la rue Saint-Jacques consentaient à leur acheter leurs planches de cuivre, non sans avoir pesé au préalable le cuivre de ces planches, sur lequel ces marchands comptaient beaucoup pour rentrer dans leurs frais.

Il y a un petit épisode dans la vie de ces deux enfants, qui est plein d'intérêt, car l'empereur y joue son rôle. Un jour que l'empereur parcourait le Louvre pour se distraire de ces grands ennuis qui déjà l'accablaient, il remarqua dans un coin de ces vastes galeries, encore remplies de ces chefs-d'œuvre sans prix que la guerre nous avait apportés, et que la guerre devait nous reprendre sitôt, deux jeunes enfants qui travaillaient avec ardeur. L'un de ces enfants était blond et rose et joyeux : c'était Tony; l'autre était brun et pâle et déjà pensif : c'était Alfred. Leurs deux regards tantôt fixés sur le modèle, tantôt fixés sur leur toile, ils n'avaient pas vu venir l'empereur. L'empereur les regarda quelque temps avec un regard de mélancolie et de regrets. Il admirait sans doute ces deux jeunes passions si doucement éveillées, cette ignorance de tout ce qui était de l'histoire, et une sévère histoire, même en ce temps-là, cette insouciance pour tous les orages dont l'avenir était gros; et, presque sans le savoir, il étendit la main sur ces deux enfants; et tout d'un coup Alfred et Tony, sentant cette main qui pesait sur leur tête, se retournent : c'était la main de l'empereur! ils étaient bénis par l'empereur!

Plus tard vinrent des jours meilleurs pour les beaux-arts. Maintenant qu'on pense à ces terribles conflits qui occupèrent le monde, on se demande, non sans effroi, où donc se purent cacher les artistes, les écrivains, les poëtes, dans cette tourmente générale du monde, et comment se sauvèrent ces faibles roseaux au milieu de l'épouvantable ouragan qui déracinait le chêne altier qu'on appelait l'empereur Napoléon. Dieu le sait! toujours est-il qu'à peine la tempête calmée, et au premier rayon du beau soleil, reparurent en France les beaux-arts, la poésie. Toutes les voix que le canon avait étouffées se mirent à murmurer de plus belle; tous les regards qui s'étaient fermés sous un épais nuage de poudre s'ouvrirent de nouveau. Ce fut un beau moment de halte entre la politique et la gloire militaire. Alors commença M. de Lamartine en France; alors s'introduisirent en France lord Byron et Walter Scott, les deux seuls Anglais auxquels nous ne gardions pas rancune pour la journée de Waterloo; alors aussi les deux Johannot commencèrent à prendre leur part dans cette trêve faite pour les beaux-arts et par les beaux-arts. Ces deux jeunes intelligences si étroitement associées se mirent à étudier les poëtes nouveaux qui nous venaient de l'Orient et de l'Occident. Les dessins d'Alfred Johannot et de son frère Tony pour accompagner les poëmes de lord Byron, les chastes romans de Walter Scott, les touchantes élégies de M. de Lamartine furent acceptés en France comme le plus charmant commentaire qui se pût faire de toute cette poésie nouvelle. Il y avait déjà tant de passion, tant d'énergie dans ces adorables petites compositions d'Alfred Johannot; il savait créer des femmes si belles, des jeunes hommes si pensifs; il comprenait si complétement la pensée du poëte pourvu que cette pensée fût noble, triste, solennelle, chaste et religieuse, que jamais peut-être il n'y eut un dessinateur qui s'accommodât plus complétement avec les chefs-d'œuvre qu'il voulait représenter.

On peut dire qu'Alfred Johannot et Tony, son frère, son disciple, ont créé parmi nous une école inconnue de sages et spirituels dessinateurs; et déjà cette école a produit bien des beaux livres, le *Gil Blas*, par exemple, la nouvelle édition des œuvres de M. de Lamartine qui est un chef-d'œuvre, le *Vicaire de Wakefield, Paul et Virginie,* la *Chaumière indienne, Manon Lescaut,* le Molière et enfin le *Don Quichotte,* dix à douze volumes pour lesquels il n'a pas fallu composer moins de quatre à cinq mille dessins. Et voilà justement un de ces résultats incroyables auxquels a contribué plus que tout autre par son exemple, par ses leçons, par ses conseils, cet infatigable improvisateur Alfred Johannot.

Quand il eut ainsi commencé sa réputation et sa fortune, Alfred Johannot se mit à composer, sur des feuilles volantes et maintenant bien précieuses, une quantité incroyable de petits tableaux à l'aquarelle d'un fini et d'un éclat sans égal. Il apportait dans ses compositions fugitives tant d'énergie, tant d'imagination et tant de conscience que ces simples aquarelles peuvent se comparer à la peinture la plus achevée. Dans ces charmantes compositions, où il s'abandonnait volontiers à toute la mélancolie passionnée de son âme, Alfred Johannot a jeté plus d'idées ingénieuses, plus de formes idéales, plus d'adorables caprices qu'il n'en faudrait pour faire la fortune et la popularité du plus grand peintre de genre. Malheureusement, à peine ces belles compositions étaient-elles achevées que les amateurs s'en disputaient la possession; ces improvisations brillantes s'en allaient, et sans passer par le Louvre, orner les musées des jeunes gens et des jeunes femmes et les riches albums des amateurs. C'est ainsi que la gloire de ce peintre si aimé s'est éparpillée çà et là en France, en Angleterre, en Italie, à Paris, dans la province et partout. Il jetait aux vents ces premiers essais d'un talent qui visait à de plus hautes destinées. Hélas! le pauvre Alfred! il était loin de penser que le temps et la force lui manqueraient d'aller plus loin, et que de si bonne heure il lui faudrait mourir!

Il a donc été d'abord un graveur, et nous possédons de lui de belles planches, par exemple, *les Enfants perdus dans le bois*, et tant d'autres petites œuvres d'un prix inestimable; puis, quittant la gravure pour le dessin, il a révélé, dans une suite infinie de petites compositions, l'intelligence la plus exercée et la plus habile. Bientôt il a ajouté à son dessin la couleur, il a fait de l'aquarelle une peinture sérieuse; puis enfin, moins timide, il a osé aborder la peinture à l'huile, et, dans cette nouvelle transformation de son talent, il a encore été un jeune peintre heureux et populaire que la foule adoptait par cet instinct secret qui la pousse malgré elle à tout ce qui est vrai, simple, naïf et bien senti.

Alfred Johannot, qui est sans contredit un des artistes les plus laborieux de ce temps-ci, aura cependant laissé bien peu de tableaux, si nous pensons à tout ce qu'il a produit. Il n'avait abordé la grande peinture qu'avec une terreur pleine de bon sens: tout au plus, avant de se présenter au Louvre, s'était-il essayé dans une suite de délicieuses petites toiles consacrées à représenter les diverses scènes des romans de Walter Scott. Un jour que ces petits tableaux étaient à demi cachés derrière l'étalage d'un libraire du quai des Augustins, une jeune personne bien modeste entra chez le libraire. Un coup d'œil lui suffit pour juger à leur juste valeur ces quarante petites toiles, qu'on eût prises pour les douces ébauches de Van Dyck à quinze ans. La jeune personne acheta en bloc les quarante petites toiles et les fit porter sur-le-champ aux Tuileries, dans l'atelier de la princesse Marie. C'était en effet l'auteur de la belle statue de Jeanne d'Arc qui achetait ainsi les quarante tableaux de Johannot.

Et voilà l'homme qui rendit, à trente-sept ans, cette belle âme, ce noble souffle! Son frère lui ferma les yeux; et toute cette famille au désespoir se retira lentement pour pleurer tout à son aise sans qu'Alfred pût l'entendre, comme si Alfred n'eût été qu'endormi.

Le lendemain, de bonne heure, deux amis d'Alfred Johannot frappaient à la porte de cette chambre funèbre: ils venaient pour faire une dernière fois le portrait de leur ami. Ces deux hommes si remplis de résolution et de courage, c'était M. Brune, c'était M. Gigoux. M. Brune, surmontant son émotion, a fixé sur la toile cette tête morte, ces yeux éteints, cette bouche fermée, cette pâleur sans rémission, ce sommeil sans réveil. M. Gigoux a été moins maître de lui-même: après les premiers efforts ses yeux se sont remplis de larmes, son pinceau est tombé de ses mains; il s'est éloigné de son pâle modèle en sanglotant. Heureusement M. Gigoux avait déjà fait un beau portrait de ce pauvre grand artiste étendu là.

Mais ce que rien ne saurait exprimer, c'est la

scène que voici, et que vous raconte un témoin oculaire. Ce témoin était dans la chambre du mort quand soudain une porte s'ouvre, et alors entre chez son frère bien-aimé, d'un pas ferme, Tony lui-même. Il voulait, lui aussi, ne pas laisser partir le mort sans lui avoir rendu les derniers devoirs qu'il lui devait comme à son maître. Il s'approcha donc de ce lit funèbre, il découvrit cette tête si belle encore, puis il se mit à la dessiner. Oui, c'était là un spectacle touchant et rempli de larmes ; ce jeune homme mort et cet autre jeune homme qui dessine d'une main ferme ; celui-ci, qui a tant souffert, reposant enfin dans son linceul, et celui-là qui a tant pleuré, qui essuie un instant ses larmes pour mieux voir une dernière fois son dernier frère, qui va disparaître demain dans le cercueil et dans la tombe! De ces deux jeunes têtes, brune et blonde, qu'avait bénies l'empereur, la tête brune était couchée sur l'oreiller de la mort pendant que l'autre tête, blonde et bouclée, mais en désordre, se penchait pour mieux reconnaître ce beau modèle que cachait déjà l'épais nuage qui sort de la tombe. Pendant deux heures a duré ce pénible travail de Tony sur Alfred ; pendant deux heures il a étudié encore, dans un fraternel et respectueux silence, ce visage si doux, ces traits si fins, cet œil qui était si noir, cette bouche qui, la veille encore, lui souriait si tristement, si tendrement ! Puis enfin, et comme la nuit tombait, et comme d'ailleurs le portrait de son frère était achevé, Tony Johannot avait caché son dessin dans son portefeuille. Il a donné un dernier baiser à son frère, il a rejeté doucement le drap mortuaire sur ce front pâle et serein. Les deux frères ne se reverront plus sur la terre.

Mais à présent que son frère est mort, à présent qu'il a perdu cette belle et sérieuse moitié de son âme, de son esprit, de son intelligence et de son cœur, à présent qu'il n'aura plus à ses côtés ce bienveillant regard, cet énergique conseil, cette ombre silencieuse et calme de son talent, cette approbation éclairée, ce critique juste et loyal, cet ami qui était le meilleur des frères et ce frère qui était le plus excellent des amis, comment donc va faire Tony Johannot ? comment pourra-t-il réparer cette perte irréparable ? Hélas ! de ces deux frères, celui-là qui est mort et celui-ci qui est vivant, celui-là qui penche la tête et qui pose devant son peintre ordinaire comme poserait une froide statue couchée sur un tombeau, et celui-ci retenant ses larmes et qui fait un dernier portrait de ce qu'il a tant aimé, croyez-moi, ce n'est pas celui qui est mort qui est le plus à plaindre des deux.

Ah ! la mort est impitoyable ! elle arrête en chemin

les plus grands courages, elle brise les plus nobles palettes, elle déchire les plus belles pages! elle condamne au silence le poëte, à peine son chant est-il commencé; la mort jette le général dans le fossé de la ville conquise; elle tarit la mamelle pleine, et elle emporte la mère loin de l'enfant qui lui tend les bras. Elle a pris Raphaël, elle a pris Malfilâtre, elle a pris Gilbert, elle prend sans choix et sans mesure, l'aveugle qu'elle est! ce que le monde possède de plus noble et de plus grand.

MORT DE TONY JOHANNOT

(1852)

Tony Johannot, cet aimable artiste que nous pleurons et que nous n'avons pas pu conduire à sa demeure dernière, est mort il y a huit jours. Si nous lui décernons ici quelques louanges funèbres, c'est qu'il n'a pas à espérer les louanges de l'Académie : il n'était pas de l'Académie, il n'a droit à aucune louange, à peine aux regrets publics des esprits de sa famille, des futiles de son espèce, de quelques camarades déclassés à sa façon, de toutes sortes de petites gens qui ne tiennent à rien, qui n'appartiennent à personne et qui mourront comme il est mort, l'infortuné, sans oraison funèbre officielle ! Il était un enfant de ce siècle, enfant des premières années ; il était né pauvre, il a vécu, il est mort comme il est né, n'attendant rien du hasard et ne demandant au ciel que la vie et la force, afin de suffire à ce travail de tout le jour et de tous les jours. A-t-il eu jamais l'ambition de la gloire? Un seul instant il s'est abandonné à ce beau rêve; mais bientôt il s'était effacé devant son frère Alfred, un rêveur lui aussi, un malade, et ce malade, il l'acceptait comme son maître, heureux de marcher dans son ombre! Puis, lorsqu'il y a vingt ans, Alfred est mort, enseveli dans cette gloire bien commencée: « Il n'est plus temps d'être un peintre, s'est dit à lui-même Tony Johannot, mon frère Alfred emporte dans sa tombe la double palette! » Et si depuis la mort d'Alfred, Tony Johannot a couvert quelques petites toiles du frais et charmant coloris de la vie, il s'arrêtait souvent dans l'œuvre commencée. « Ah! disait-il aux passages difficiles, Alfred n'est plus là pour me donner du cœur. » Alors il revenait à sa tâche heureuse, heureuse en effet, car il n'avait pas d'autre ambition et d'autre fortune que de prendre sa part des poëmes, des romans, des contes et des œuvres de ses contemporains; il était leur ami, leur compagnon et parfois leur complice; il les aidait d'un crayon net, ferme et rapide à percer la foule, à conquérir l'attention publique, à remporter ces batailles de la pensée où les plus forts sont vaincus si souvent, faute d'un peu d'aide et de soleil! Quiconque, de nos jours, pour son œuvre à peine accomplie, obtenait l'aide et l'appui de Tony Johannot, celui-là était assuré que son livre ne pouvait pas mourir; et comme l'image était incrustée en plein texte et qu'on ne pouvait pas l'arracher du récit dont elle était l'explication courante et l'ornement exquis, il arrivait que, vaincu par l'image, le lecteur se mettait à lire le récit illustré par Tony Johannot, si bien que tel écrivain qui faisait peur tout d'abord, finissait par devenir populaire grâce à cet interprète charmant qui donnait la vie et la forme aux passions les plus confuses et même aux beautés impossibles. Que de livres il a sauvés, ce cher camarade, et que de chefs-d'œuvre il a remis en lumière! Il savait tout, il voyait tout. Quand la parole manquait au faiseur de portraits ou de paysage, il arrivait, et soudain son dessin, pris de très-haut, vous promenait comme par la main dans un paysage enchanté; ou bien le voilà qui réalisait en quelques coups de crayon votre idéal... *sic oculos, sic ora ferebat!* C'est elle et la voilà, la douce image printanière, voilà son sourire et voilà son regard, et voilà l'éclat brillant de sa tendre jeunesse.

> .... *Lumenque juventæ*
> *Purpureum*......

Ah! cher Tony, combien les poëtes vous aimaient

et les plus illustres! avec quelle joie et quel orgueil ils se fiaient à votre aimable génie! Ainsi Cooper, ainsi Walter Scott, ces Homères en prose de la nature civilisée et sauvage, ils ont eu pour les dessins de Johannot un dernier sourire, et, se voyant revivre en ces planches fidèles, ils étaient contents. — Il a été le camarade et le compagnon de lord Byron; il a lutté avec Molière et les a représentés dans le vif, ces jeunes gens, ces enfants, ces vieillards, cette fantaisie italienne et cette grâce de Versailles, peintre à la fois de la ville et de la cour, passant des Mascarilles à Tartufe et de Marinette à Célimène! Il laisse après lui un Molière, ce Tony Johannot! Vous parlez de Bernardin de Saint-Pierre, et par la voix éloquente, écoutée, honorée, de M. Villemain, vous proclamez l'éloge de cet homme qui n'a fait qu'un livre. Oh! qui donc mieux que Tony Johannot a fait un plus bel éloge de *Paul et Virginie* et de la *Chaumière indienne!* Il a élevé à ses frais un monument à cette gloire un peu douteuse; il a criblé de ses fantaisies les plus charmantes ces pages un peu trop cherchées; il a doublé la gloire de ce beau livre, il en a ranimé la fortune, il a fait une œuvre à propos de ce conte d'enfant. Le *Paul et Virginie* de Tony Johannot doit vivre autant que le livre même de Bernardin de Saint-Pierre; c'est à Tony qu'il fallait donner le prix de cette louange, et tout le monde eût été d'accord ! Il était l'ami de Nodier. Nodier a fait pour Tony Johannot l'*Histoire du roi de Bohême et de ses sept châteaux*. Nodier mort, Johannot a buriné ses vignettes pour les contes de son ami, traitant Nodier comme il avait traité Gœthe à deux reprises, ici le *Faust* et là le *Werther*, car l'eau-forte lui obéissait aussi docile que le crayon, et la plaque d'acier lui était aussi complaisante que la plaque de buis. Artiste et artisan tout ensemble, il aurait eu honte d'être le dernier à quitter son lit chaque matin parmi la race active de ceux qui gagnent leur pain à la sueur de leur front ! Ah ! que de choses il a faites ! Ah ! que d'images ! Il a même adopté un livre ressuscité par cet art merveilleux qui était en lui, un livre intitulé : *l'Ane mort !* Hélas ! vingt-quatre heures avant l'heure dernière, il était attelé à l'œuvre entière de George Sand ; il se promettait de mettre en relief tous ces drames, allant d'*Indiana* à la *Petite Fadette*, et dans cette course à perdre haleine il ne semblait pas fatigué, tant il était sûr de son imagination et de ses souvenirs. Oh ! vanité de la gloire ! après l'œuvre de George Sand, Tony Johannot devait s'emparer de l'œuvre entière de Victor Hugo... il le disait, il l'eût fait sans doute.... Il a été frappé trop vite, et de sa main défaillante à peine s'il a pu achever sa dernière image... un rêve! Il était seul dans son art, et on ne pouvait le comparer à personne véritablement. Dans cette route éclairée on rencontrerait bien des hommes d'un rare talent : Gavarni, Cham, Daumier... des crayons, des couteaux, des ironies, des violences; mais pas un qui eût cette bonhomie et cette grâce, et ce sourire indulgent, et ce regard qui voyait en beau toutes choses, comme il l'a bien montré dans les *Français peints par eux-mêmes!* Il est mort; il ne sera remplacé par personne; il emporte avec lui la beauté, la jeunesse et le charme de ce siècle, voué à la haine, aux injures, aux disputes! Aura-t-il un tombeau? Peut-être! S'il fallait écrire en quelques mots son épitaphe écrite avec l'éclat d'une sentence et l'autorité d'un arrêt, on trouverait cette épitaphe dans Tacite : « Il y avait, dit Tacite, en cet homme, un aimable génie accommodé aux regards de ses contemporains. *Fuit illi viro ingenium amœnum et temporis ejus oculis accommodatum!* »

ÉTIENNE BÉQUET

AVANT-HIER est mort, presque incognito, dans la maison bienveillante du docteur Blanche, un des hommes de ce temps-ci qui ont eu le plus d'esprit, Étienne Béquet, notre collaborateur au *Journal des Débats*, notre ami, le plus bienveillant des humains; âme timide, cœur généreux, style excellent, goût parfait, et si pur qu'il n'a pas été une seule fois en défaut, en un mot le meilleur disciple et le plus fervent qu'ait produit Voltaire. Ce critique, qui n'a pas été sans influence sur la littérature de son temps et qui aurait pu jouer un si grand rôle, avait quarante ans à peine. A voir sa tête chauve, son corps voûté, son regard morne, sa démarche lente, vous l'auriez pris pour un vieillard; mais si bientôt vous remarquiez la finesse et la grâce de ce sourire, le feu caché dans ce regard, l'intelligence de ce vaste front si souvent obscurci par les plus tristes vapeurs, alors vous reconnaissiez sans hésiter que vous aviez affaire à un esprit ingénieux, à un talent dans toute sa vigueur, à un homme qui n'avait qu'à le vouloir pour être plus jeune que nous tous. Mais, hélas! il ne l'a pas voulu.

Par son âge, par ses études, Étienne Béquet appartenait à cette dernière génération de jeunes gens que l'empire aux abois tenait en réserve pour sa dernière boucherie glorieuse, et que la restauration avait brusquement rendus aux saines études, aux saintes doctrines littéraires, à ces langues savantes de la double antiquité dont la France impériale avait à peine appris le patois dans ses conquêtes. C'est une justice qu'il faut rendre à ces jeunes esprits échappés à cette gloire meurtrière: ils ont compris à merveille et tout d'abord le devoir que leur imposait ce bonheur inespéré. Recomposer lentement l'illustre passé de la France, revenir avec amour à ces grands poëtes délaissés, rendre un culte public aux anciens dieux littéraires, sauter par-dessus la France impériale, l'effacer du livre des nations écrivantes pour revenir aux deux grands siècles: le siècle de Louis XIV, voilà pour le goût; le siècle de Voltaire, voilà pour la pensée; et, une fois dans cette position formidable, repousser par le dédain, par le silence, par l'ironie les novateurs passés ou présents, telle a été la tâche constante et courageuse de cette génération trop peu nombreuse. Malheureusement, pour accomplir de plus grandes choses, cette génération toute nouvelle n'était ni assez vieille ni assez jeune. Quand elle a commencé à écrire, à parler tout haut, l'autorité de l'âge lui manquait; dix ans plus tard, c'est la jeunesse qui lui a manqué. De plus jeunes, des enfants sont venus, qui se sont emparés du domaine de la poésie et du domaine de la critique; et ainsi a été étouffée, pour ainsi dire, la plus savante génération d'esprits distingués, d'écrivains excellents qu'ait produits l'université de France à la renaissance de ses beaux jours.

Parmi ceux-là Étienne Béquet était le premier. Dès le collége, et aussitôt qu'on put s'occuper des colléges comme si on n'y eût pas fait l'exercice, Béquet fut reconnu pour un de ces esprits d'élite sur lesquels la France nouvelle fondait à bon droit les plus grandes espérances; il eut un grand nom universitaire à l'instant même où l'université, dégagée de son appareil guerrier, allait redevenir la fille aînée et paisible des rois de France. Et je ne veux pour témoignage de cette gloire naissante et si précieuse que la visite qu'a reçue ce pauvre Étienne à son lit de mort. Il y a huit jours il était sur son lit, toujours calme et serein, et avec ce sourire si naturel que nous savons, quand la porte de sa chambre fut ouverte par une main tremblante. Savez-vous qui entrait ainsi chez notre ami! C'était son vieux professeur, ce savant Planche, un des restaurateurs de la langue grecque parmi nous. Le bon vieillard venait de bien loin pour embrasser une dernière fois son cher élève. Que de larmes mal arrêtées dans les yeux du digne homme! quelle douleur mal dissimulée dans son âme! Voilà donc où en était arrivé ce jeune homme tant aimé! le voilà donc sur ce lit de douleurs, le pauvre enfant élevé avec tant de sollicitude! Lui, cependant, notre pauvre Étienne, il était heureux de revoir son vieux maître, il se félicitait de le retrouver si bien portant; et, avec cette intelligence élevée qui ne l'a jamais quitté, il s'est mis à le consoler en lui citant des vers de Virgile et d'Horace, et même de Lucain, qu'il se reprochait d'aimer un peu trop. En effet, le vieux Planche, retrouvant ainsi son savant et ingénieux disciple si merveilleusement entouré de ses souvenirs classiques, se rassurait peu à peu : il ne pouvait croire, le digne homme, qu'on pût mourir si jeune et si vite quand on avait encore présents dans la pensée de si beaux vers.

Et, je vous prie, quel est aujourd'hui l'homme de quarante ans qui se souvienne de son vieux professeur et que son vieux professeur vienne voir au lit de mort? Cruels que nous sommes, et sans pitié pour nous-mêmes, nous avons tout brisé de nos jours, surtout ces premiers liens de l'enfance. Ceci soit dit à la fois contre le maître et contre l'élève. D'abord, le maître fait peu d'attention au disciple; après quoi, tout naturellement, le disciple oublie le maître; dans le cours de la vie ils passent l'un près de l'autre sans même se jeter un regard, sinon de haine ou de dédain. Cette visite du vieux savant Planche à son élève, pourquoi est-elle touchante? C'est que, sans se rien dire, ces deux hommes se sont compris.

« Tu m'es resté fidèle, disait le maître; tel je t'ai fait et tel je te retrouve; tu n'as pas renié nos vieux dieux! Je t'avais élevé pour les défendre et pour les aimer; tu les as aimés et défendus jusqu'à la fin : sois donc béni, mon fils!

— Merci, mon père, disait l'autre. Puisque je vous retrouve à mon chevet, ma fidélité a donc porté doublement sa récompense; car jusqu'à la fin vos dieux, qui sont les miens, ont fait ma joie et ma gloire, je leur ai dû mes seuls instants de repos et de bonheur; ils m'ont accompagné dans tous mes délires; ils ont été la seule consolation de cette longue fièvre qui me consume, ils ont jeté sur moi leur manteau de pourpre comme a fait le fils de

Noé sur son père. Grâce à eux, quand je passais, même en chancelant, dans cette ville qui était mon domaine, chacun avait pour moi un regard de pitié et de respect. Donc, merci mon père; et disons encore la prière des agonisants dans Horace; le voulez-vous? »

Sorti du collége, on peut le dire, tout couvert de lauriers, la plus belle carrière s'ouvrit devant les pas de ce jeune homme. Il appartenait à une famille riche et considérée; son père, homme exact et correct, n'avait rien épargné pour lui aplanir toutes les voies qui mènent aux honneurs. On voulut d'abord faire étudier les lois à ce jeune homme, mais là se présenta une difficulté insurmontable: cet esprit si net ne put rien comprendre à ces formules toutes nouvelles, à cette science inconnue. D'ailleurs, Voltaire, J. J. Rousseau, Diderot lui-même, s'étaient emparés de cette jeune tête, non pas de cette façon volcanique qui jette d'abord feu et flamme et qui s'apaise bientôt sous le souffle desséchant de la réalité, mais de cette façon, bien autrement dangereuse, à l'usage des esprits droits, nets, fermes, logiques, et qui se méfient de l'enthousiasme comme on se méfie du mensonge. De pareils hommes, une fois possédés par une idée qu'ils ont bien considérée sous toutes ses faces, ne s'en dessaisissent jamais. C'est ainsi que, toute sa vie, Béquet a lu Voltaire, et de Voltaire il lisait surtout la correspondance ; et c'est là surtout, n'en doutez pas, qu'il a puisé cette grâce parfaite, cette élégance, cette urbanité, ce goût excellent, ce style limpide, auxquels on ne saurait rien comparer.

Ainsi armé, il renonça bientôt à l'étude des lois ; et il fut admis sans peine au *Journal des Débats*, qui l'a tant regretté, et à tant de titres, non pas seulement hier, mais il y a déjà trois ans, quand le journal eut perdu l'espoir de le voir revenir de l'humble maison des champs où il s'était enfoui sous sa vigne. Pour apprendre ce grand art de la critique quotidienne, Étienne Béquet ne pouvait mieux tomber, tous les hommes qui ont fondé la critique en France, ces brillants héritiers de Fréron, Geoffroy, Dussault, Hoffman, Duviquet, vivaient, c'est-à-dire écrivaient encore. Ils tendirent une main bienveillante et fraternelle à ce jeune lauréat qui venait pour continuer leur œuvre. Le voilà donc tout de suite lancé dans la vie littéraire. Il a fait ses premières armes au bas de ce journal, où il avait pris pour initiale la lettre R, peu jaloux d'avoir un nom à lui, lui qui devait faire tant de renommées nouvelles. Ceci est au reste une des conditions de la critique : s'atteler comme un esclave à toutes les gloires contemporaines et ne rien garder pour soi de toute cette renommée que l'on jette à pleines mains à qui veut se baisser et la prendre; s'exposer à toutes les colères pour le plus léger blâme, n'exciter nulle reconnaissance pour la plus grande louange; écrire, et souvent avec un grand talent, des choses qui meurent au bout de la journée par la seule raison que ces choses-là sont écrites dans un journal, œuvre légère et que le temps emporte, pendant qu'autour de vous surnagent tant de choses médiocres uniquement parce que ces choses-là sont consignées dans un volume; être exposé en même temps aux périls de l'improvisation et aux exigences de la page écrite avec soin, méditée à loisir; c'est-à-dire n'avoir ni les profits de la parole parlée ni les bénéfices de la parole écrite; suivre au jour le jour, et la plume à la main, toutes les passions, toutes les émotions contemporaines, et ne pouvoir s'y mêler que de loin et avec modération, tant on a peur de ne pouvoir plus contenir le lendemain les mêmes passions qu'on aura partagées la veille; plaire à la foule sans la flatter, coudoyer tous les amours-propres sans les heurter; trembler toujours d'être injuste pour une gloire qui commence, cruel pour une gloire accomplie, ingrat pour une gloire qui finit; être flatté tout haut, accusé tout bas; faire l'aumône chaque matin d'une louange misérable à toutes les ambitions mesquines qui vous tendent la main; regarder à loisir, tout au fond de la vanité humaine, ce qu'elle a de honteux et d'abject, et, quand on l'a bien vue dans sa lèpre, la rhabiller comme le médecin recouvre de son lambeau hideux le lépreux qui lui a montré sa plaie; vivre ainsi au milieu des mourants et des morts, et n'avoir pour se consoler de cette horrible vie que quelques beaux vers qu'on découvre par hasard, quelque page inconnue qu'on révèle au public, quelque talent ignoré dont on se fait l'appui et le défenseur, quelle épouvantable vie! et cependant il faut bien qu'elle ait son charme puisqu'on l'accepte; et puis, quand on l'a acceptée, rien ne peut vous tirer de cette profession décevante et dévorante: on y vit; et l'on y meurt parce qu'on y a vécu.

Moins que tout autre Étienne Béquet a compris les périls de cette profession dangereuse. Son insouciant abandon, sa grâce parfaite, son tact exquis, ce merveilleux talent qu'il avait de tout dire sans offenser personne, ce besoin qu'il avait de parler toujours plutôt des morts que des vivants, ce profond sentiment des convenances qui ne l'abandonna jamais, le mirent à l'abri des rudes épreuves de cette force nouvelle qu'on appelle *le journal*. Il évita avec le même bonheur les questions formidables de ce qu'on appelait, de son temps, *l'école nouvelle :* il se retira pour laisser passer ce nuage gros de rien ; et, quand ce nuage fut passé, il se mit à sourire doucement. Il avait horreur de ces émeutes grammaticales, de ces conjurations contre Boileau, de ces exclamations furibondes contre Corneille ou Racine; toute nouveauté un peu cherchée lui causait le plus profond dégoût, et il évitait d'en parler comme on évite de toucher un serpent. Plus d'une fois les novateurs, par mille flatteries intéressées, voulurent tout au moins l'attirer sur les limites de leur champ : d'abord il s'y laissait traîner avec une répugnance marquée, puis il revenait bien vite à son point de départ. Aussi bien, après ces premières tentatives, le laissa-t-on en repos. Ne pouvant violenter la conscience de ce critique indomptable, on s'en passa; et lui, il ne fut jamais plus heureux que de se voir en dehors de ces questions *palpitantes d'actualité*. Pauvre homme! si tu vivais, je n'oserais pas écrire, même en riant, des mots pareils; et si tu ne sors pas de ton cercueil à l'instant même, voilà ce qui prouve que tu es bien mort.

Mais s'il a eu le tort de rester en arrière de toutes ces questions qu'il devait débattre, s'il s'est retranché dans son mépris et dans son silence au jour des grandes batailles, ce n'est pas à dire que Béquet ait laissé passer toujours ainsi les nouveaux venus dans l'arène. Cet homme qui était si peu ardent quand il fallait combattre, il était admirable quand il fallait servir. Tout comme il s'est enfui devant les envahisseurs éphémères de l'art moderne, il a été au-devant de tous les nouveaux venus qui lui rappelaient de près ou de loin cette belle forme et cette belle langue à laquelle il était dévoué. Presque seul il a combattu pour M. Casimir Delavigne quand le poëte était abandonné de tous ; le premier il a applaudi à la comédie de M. Scribe, qu'il trouvait ingénieuse et, c'était son expression, *suffisamment écrite*. Même le *prospectus* des œuvres de M. Scribe, c'est Béquet qui l'a écrit, et je ne crois pas que dans sa vie il ait jamais donné à personne une plus grande preuve de dévouement.

Pour ce qui regarde les artistes, il avait des opinions non moins arrêtées. Il avait été l'ami de Talma, il était resté l'ami de Mlle Mars, qui certes ressentira un vif chagrin quand elle le saura mort, elle absente. Hors de ces deux grands talents, l'honneur de notre scène, il ne reconnaissait pas de talent. Cette nature outrée et violente introduite au théâtre comme la conséquence inévitable de tous les désordres poétiques lui causait un invincible effroi : il ne comprenait pas, tout en reconnaissant leur mérite, ces comédiens qui se prennent au collet les uns les autres, et qui meurent en hurlant dans une mare sanglante comme des bœufs à l'abattoir. Quant aux pauvres diables de comédiens à la suite, il disait souvent : « Laissons-les vivre, n'en parlons pas : ils sont assez à plaindre ! Le silence protége comme il tue. Nous sommes encore trop heureux qu'ils ne soient pas bossus. »

Quelquefois, et trop souvent, après avoir écrit pendant six mois sa critique hebdomadaire, il abandonnait brusquement la besogne, et, sans prévenir personne, il allait dans quelque maison des champs éloignée de la ville, et il se replongeait avec délices dans cette paresseuse contemplation des modèles, qui était sa vie. Il n'était jamais si heureux que lorsqu'il était caché dans quelque château d'emprunt, à Bardy par exemple, l'hiver, avec un livre de son choix, ou bien avec le premier livre qui lui tombait sous la main. C'était, en un mot, un de ces rêveurs de sang-froid qui vivent par eux-mêmes et qui se suffisent des mois entiers. Quelquefois, quand l'oisiveté était trop grande, alors il se mettait à traduire quelques-uns de ses vieux auteurs. C'est ainsi qu'il avait commencé à traduire Lucien, et même il a publié quelque chose de sa traduction. Et certes, s'il y eut jamais deux hommes bien accouplés l'un à l'autre, c'était celui-ci et celui-là. C'était en effet de part et d'autre la même ironie cachée, le même sang-froid dans l'esprit, la même modération dans le sarcasme, nés l'un et l'autre dans un siècle agité, peu littéraire, en proie au doute, et qui repassait lentement toutes ses croyances; procédant l'un et l'autre par la plus fine raillerie, se moquant beaucoup des dieux, un peu des hommes, et, au demeurant, s'inquiétant peu du sort de leur moquerie. En effet, que leur importe? ils savent très-bien qu'ils ne changeront pas le monde, et enfin ils ne donneraient pas *ça* pour le changer.

Une autre fois, — nous étions alors au siècle des romans sanglants, des nouvelles terribles, des drames effrénés, — il voulut écrire un roman, lui aussi; et par un beau jour de printemps (je l'ai vu écrire) il se mit à l'œuvre, non sans avoir long-temps médité. Il écrivait très-lentement, ne laissant rien au hasard, n'abandonnant jamais à elle-même sa phrase commencée, mais au contraire la tenant serrée de très-près et lui laissant justement assez de liberté et d'espace pour qu'elle allât au but qu'il désignait. C'était un habile artiste, qui savait à fond toutes les ressources de la vieille langue, et qui eût rougi de se servir des artifices modernes. Il écrivit donc sa nouvelle lentement, posément, évitant certains effets que d'autres eussent été heureux de trouver, s'efforçant d'être simple avant tout, et restant calme même au milieu des désespoirs qu'il racontait. Il ne lui fallut pas moins d'un mois pour écrire ce chef-d'œuvre, intitulé *Marie ou le Mouchoir bleu;* mais aussi, quand parurent ces quinze pages d'un style excellent, ce fut un ravissement universel. On était si peu fait à cette narration élégante, sans apprêts, à cette forme si simple, à cet art de tout dire sans trivialité et sans emphase! D'un autre côté, ce petit drame était si simple! un pauvre soldat suisse qui vole un mouchoir pour Marie, sa fiancée, et que la loi militaire met à mort, et qui envoie à Marie ce mouchoir qu'il a baisé : voilà tout ce petit drame. Point de déclamations contre la rigueur des lois militaires, point de reproches amers à propos de la *servitude militaire*. L'écrivain raconte ce qui s'est passé au coin d'un bois, et à peine laisse-t-il entrevoir ce qu'il a au fond de l'âme. A ce touchant récit qu'on dirait écrit par un témoin oculaire, les larmes arrivent d'elles-mêmes et sans violence; et, par ce temps-là d'effroyables excès dramatiques, vous pensez si ces larmes paraissaient douces!

Le *Mouchoir bleu* courut toute la France, toute l'Europe. La France apprit ainsi, et seulement alors, qu'elle possédait un grand écrivain inconnu qui s'appelait Étienne Béquet; ce petit récit eut presque autant de succès que *Paul et Virginie*. Malheureusement il était impossible d'en faire un volume, et il a passé comme une chose éphémère. C'était pourtant un chef-d'œuvre; les plus grands maîtres en l'art d'écrire en furent ravis. Le soir où Béquet corrigea ses dernières épreuves, il lut sa nouvelle à Charles Nodier sans lui nommer l'auteur, et Nodier se jeta dans les bras de Béquet en sanglotant : « Vos larmes sauvent ma nouvelle, lui dit Béquet : si vous n'aviez pas pleuré je l'aurais jetée au feu. » Je me souviens d'avoir entendu M. Villemain en réciter plusieurs passages qu'il savait par cœur, et certes, ce n'est pas pour un écrivain un honneur médiocre que d'avoir une place dans la mémoire de M. Villemain.

Qui le croirait cependant? le grand succès de sa nouvelle et cette renommée qui lui arrivait ainsi à son insu, loin d'encourager Étienne Béquet, sembla au contraire l'effaroucher. Il avait vu de si près les vanités du renom littéraire, qu'il avait pris la renommée en pitié. S'il la tolérait dans les autres, il n'en voulait pas pour lui-même; il fuyait l'éclat, le bruit, le grand jour; pour signer une page qu'il avait écrite, il lui en coûtait plus même que pour l'écrire. Il disait souvent qu'il ne comprenait pas que les hommes eussent cette rage de tant lire et de tant écrire, surtout quand on avait devant soi le XVIIe et le XVIIIe siècle; il prétendait que *Gil Blas* et *Don Quichotte* devaient suffire aux plus intrépides lecteurs de romans, Molière et Corneille aux plus hardis amateurs de théâtre, Racine à ceux qui ont besoin de poésie, Voltaire à quiconque vit par l'esprit et par le doute. Aussi la plupart du temps écrivait-il sans plaisir, jamais sans conscience. Pour remplir tout à fait sa tâche la passion lui manquait; il remettait toujours à demain les affaires frivoles, car il ne voyait pas tout ce qu'il y a de sérieux même parmi les frivolités de la presse. Ainsi a-t-il écrit pendant quinze ans, ne demandant jamais qu'un prétexte pour ne pas écrire. Et si vous saviez, hélas! comment il le trouvait ce triste prétexte, et par quels malheureux sophismes il trouvait moyen de paralyser cet esprit si net, ce bon sens si droit, cette haute raison, combien vous auriez pitié de la pauvre espèce humaine et de ces malheureux grands esprits que brise le choc d'un verre à demi plein!

Et savez-vous qui était cet homme? savez-vous tout ce qu'il pouvait faire? voulez-vous que je vous dise de quoi il était capable quand il était tout à fait le maître de sa raison, quand sa rare intelligence brillait de tout son éclat? savez-vous à quelle puissance s'élevait cette volonté quand elle parvenait à briser les langes où elle était retenue? C'était au mois d'août 1829, à la fin de la monarchie de Charles X; toutes choses se précipitaient à une conclusion fatale. Étienne Béquet, plein de tristesse, arrive au *Journal des Débats,* apportant, lui aussi, sa page éloquente et prévoyante pour les malheurs qui allaient venir. Ce morceau de politique excellent, dont toutes les prophéties se sont réalisées, se terminait par cette phrase terrible : *Malheureuse France! malheureux roi!* A cette parole solennelle, la France sembla se lever comme un seul homme. Ainsi se levèrent les courtisans de Versailles quand Bossuet s'écria : *Madame se meurt! Madame est morte!* A cette prophétie terrible, partie d'un cœur honnête et dévoué, d'une âme convaincue, d'un esprit éclairé, d'une voix ferme, le ministère s'arrête et tremble. Il fait au *Journal des Débats* ce mémorable procès qui fut l'avant-dernière défaite de la vieille monarchie jetée hors de sa voie. Ce fut alors seulement qu'on apprit quelle main invisible avait écrit ce terrible *Mané — Thécel — Pharès;* car Béquet, sans prévenir personne, fut se dénoncer lui-même au procureur du roi. Celui-ci dut être bien étonné quand il vit entrer dans son prétoire ce Mirabeau si tranquille et si calme. Mais le ministère n'en voulait pas à l'écrivain; il s'attaquait plus haut, il s'attaquait au journal. Le ministère succomba dans ce procès. Cependant Béquet s'en allait en répétant, comme Cicéron : *Totam Græciam conturbavi.* Il se consolait de tout, et même de n'être pas en prison, avec une citation latine. Bientôt après, la prophétie fut cruellement accomplie ; le *malheureux roi* fut répété par l'Europe consternée. Ceci soit dit à la louange d'Étienne Béquet : il a formulé le dernier anathème de cette révolution qui s'avançait, il a trouvé le mot qui résume le mieux ce règne d'un moment dévoré de toutes parts, il a écrit la première ligne de la révolution de Juillet. — Oui, lui-même, Béquet, un enfant de ce feuilleton !

Que pensez-vous qu'il ait fait ensuite ? Quand sa prophétie se fut accomplie, l'a-t-on vu se mêler à la foule des vainqueurs ? s'est-il fait une place bien haute parmi les places vides ? a-t-il marché vers cette puissance nouvelle à laquelle il avait donné un de ces grands coups de main irrésistibles ? Non : il s'est effacé pour laisser passer les nouveaux venus. Partout autour de lui se réveillaient les compagnons de ses belles années ; ceux qui partageaient naguère son oisiveté lettrée, heureux et fiers de leurs destinées nouvelles, se disposaient çà et là pour être enfin le pouvoir à leur tour ; ils lui disaient : « Viens avec nous, Étienne. Fais comme moi : me voilà professeur dans ma chaire, me voilà préfet, me voilà général, me voilà conseiller d'État, me voilà ministre ! Fais comme nous, lève-toi et marche... » Mais lui il restait assis, appuyé sur son coude, murmurant une ode d'Horace, et les voyant tous partir d'un œil serein pour leurs destinées nouvelles; et, dans cette fièvre de toutes ces têtes puissantes, de tous ces esprits généreux, de tous ces cœurs oisifs, il n'eut pas un instant d'ambition, pas un seul; il dit adieu aux amis de sa jeunesse, sans vanité, mais non pas sans tristesse. Et que de fois, les voyant ainsi occupés loin de lui, entendant proclamer leurs louanges comme hommes d'action, se prit-il à s'écrier tout bas que cette révolution de Juillet lui avait gâté ses amis, qu'elle les lui avait enlevés, et que lui seul il était resté sage, fidèle à ces mêmes passions qu'ils avaient en commun, qu'il prenait maintenant pour lui tout seul, et qu'enfin il pardonnait à tous!

Cette lassitude précoce qui l'a pris au corps et à l'âme, il y a tantôt trois années, était sans remède. Après avoir ainsi vécu autant qu'il pouvait vivre loin du monde littéraire et loin du monde politique, il fut tout d'un coup saisi d'une immense envie de s'en retirer tout à fait. Son père était mort : il alla s'établir dans un des plus tristes villages parisiens, dans une maison froide et misérable, au bord d'une mare fangeuse, avec quelques vieux livres et une servante presque aussi vieille; et, une fois là, malgré toutes les prières de ses amis, on ne put plus l'en tirer; une fois là aussi, il ne voulut plus rien écrire. Ce feuilleton, qu'il avait fait si bien, passa, à sa prière expresse, en d'autres mains qui n'auraient pas mieux demandé que de le lui rendre; la vue seule d'un encrier et d'une plume lui faisait le même effet que l'eau sur les hydrophobes. A dater de ce triste jour, il vécut seul, tout seul; il relut les chefs-d'œuvre épars dans sa chambre sans tapis; il s'abandonna obscurément à cette passion qui a inspiré tant de beaux vers, trop de beaux vers, que Béquet a pris au sérieux : malheureuse passion qui a détruit si vite, hélas! une des plus belles intelligences de ce temps-ci, qui a emporté tout ce talent, tout cet esprit, toute cette bonté, tout ce style! Et cependant ses amis le pleuraient!

Ils s'informaient de lui avec une inquiétude toujours croissante; et, quand par hasard notre Étienne venait à Paris, c'était une joie universelle, une fête générale; c'était à qui l'approcherait de plus près. On était si heureux de le retrouver! Lui cependant, ce villageois, nous revenait toujours plus instruit des choses de la ville que ceux mêmes qui y passent leur vie; il savait toutes choses par un pressentiment qui n'était qu'à lui : les gloires écloses d'hier, il les connaissait sans en avoir entendu parler; les grands hommes de la veille, il les jugeait, avec son bon sens goguenard, tout comme s'ils eussent été des grands hommes du lendemain. Rien ne pouvait l'étonner ni le surprendre, même l'absurde; et vous pensez, à voir et à entendre tous les barbares qui glapissent de la prose ou qui hurlent des vers, si jamais un regret venait le saisir d'avoir abandonné la vie littéraire, lui qui en savait si bien tous les secrets.

Mais, hélas! cet esprit qui le soutenait encore ne pouvait pas le soutenir toujours; l'heure était proche où il allait expier par la mort les innocents et cruels égarements de sa vie. Sa tête était encore puissante, mais son corps était débile. Un matin qu'il était couché dans sa maison, il ne put plus se relever. Il fallut le porter chez l'habile médecin (le docteur Blanche) qui lui prodigua, mais en vain, tous les secours de l'amitié et de la science. C'en était fait, hélas! le secours arrivait trop tard. Peut-être quinze jours plus tôt, si Béquet eût proféré une plainte, aurait-on pu le sauver.

Il s'est éteint lentement en moins de trois mois, sans douleurs, sans regret, toujours le même homme si simple et si bon que nous avons tant aimé. Tout l'esprit qu'il avait en écrivant, maintenant qu'il n'écrivait plus, s'était porté naturellement dans sa conversation de toutes les heures : c'était le plus fin, le plus habile, le plus ingénieux causeur qui se pût entendre. On eût dit d'un livre perdu de M. le duc de Saint-Simon, mais d'un livre de Saint-Simon sans aigreur et sans vanité. Où donc trouvait-il toutes ces anecdotes cachées? comment se souvenait-il de tous ces noms propres? par quelle habileté merveilleuse avait-il pénétré les secrets les plus intimes de ce grand monde dont il avait l'instinct? Lui-même il n'aurait pas su vous le dire; il causait comme l'oiseau chante. Jamais il n'a eu plus de verve éloquente que dans les derniers jours de sa vie, jamais il n'a été plus ingénieux et plus charmant. Si la conversation prenait un ton plus haut qu'à l'ordinaire, il la ramenait naturellement et sans effort à toute la douceur de ce murmure intime dont il emporte le secret; parlait-on de politique, il brisait le discours sans qu'on y prît garde. En vain lui disait-on : « Mais prenez garde!... » Il répondait : « J'aime mieux beaucoup de fatigue qu'un peu d'ennui... » Une fois à son chevet, il était impossible de lui échapper. A votre premier geste pour sortir, il vous jetait dans une longue histoire, et malgré vous, et tout en sachant le mal que vous lui causiez, vous écoutiez avec plaisir la fin de cette histoire.

Enfin, avant-hier vendredi, il est mort le sourire sur les lèvres; il s'est éteint comme s'éteint une lampe qui a brûlé trop vite. A voir ce regard si calme, ce sourire si fin, il était encore facile de deviner tout l'esprit qui avait passé par là.

Et aujourd'hui dimanche, à quatre heures du

matin, nous gravissions tristement les hauteurs de Montmartre : nous étions quatre qui allions rendre les derniers devoirs à ce pauvre Étienne, au nom de tous ses amis qui le pleurent. Il y avait à ce convoi si peu nombreux ses deux frères (son troisième frère est en Afrique), Antony Deschamps le poëte, et moi pour qui il a été un ami si bienveillant, un si facile censeur. Il nous attendait déjà dans sa bière attelée. Nous l'avons conduit ainsi loin de Paris, dans le fond de cette pittoresque vallée de Montmorency qu'il aimait. Triste voyage! Qui nous eût dit, quand nous parcourions ces joyeux sentiers en si belle et joyeuse compagnie, qu'un jour nous y passerions avec un mort, et que ce mort serait un homme si jeune encore? Qui nous eût dit que les sillons de la calèche printanière aux écharpes brillantes serviraient à ce char funèbre? La journée a été bien triste et bien lente! Nous sommes arrivés enfin à Bessancourt, dans ce village où s'est élevée son enfance; nous avons passé devant la maison paternelle, jadis si heureuse et si fière d'ouvrir ses portes à son jeune maître. O triste destinée des hommes! Dans cette même maison, quand Béquet était jeune, il y avait un jeune homme comme lui qui venait chaque année demander l'hospitalité. Une fois installé dans sa chambre, ce jeune esprit ardent, infatigable, hardi à outrance, s'abandonnait à cette science improvisée dont il est le maître. Dans cette maison ont été écrites les plus belles pages de l'*Histoire de la Révolution française*, ou plutôt dans cette maison a été devinée cette histoire par le seul écrivain qui fût digne de la raconter. Ah! si Béquet à ce moment avait voulu ouvrir les yeux, s'il se fût approché de cette torche brûlante, s'il eût compris comment était conduite, à travers tant d'écueils, cette frêle barque qui portait Thiers et sa fortune, c'était bien le cas ou jamais d'emprunter une citation au poëte grec et de s'écrier comme Philoctète : *O fils d'Ulysse! prends-moi dans ta barque! place-moi à la proue, à la poupe, où tu voudras!*

Mais non, il n'a profité de rien, pas même de sa jeunesse, pas même de son esprit, pas même de son style. Il a évité les occasions d'arriver, comme les ambitieux les recherchent; il a laissé le premier venu se mettre devant son soleil, et il a trouvé qu'il avait toujours trop de soleil. Le malheureux! il s'est livré tant qu'il a pu à ce lent et cruel suicide dont il est mort! — Pleurons sur lui!

A peine arrivé dans son village, il a été placé au milieu du chœur de la petite église; le curé, qui l'avait connu enfant et jeune homme, est venu recevoir sa dépouille mortelle. Le vénérable vieillard était ému jusqu'aux larmes. Les paysans, qui savaient son nom, car il était bon et bienfaisant, ont assisté au service funèbre ; après quoi on l'a descendu dans une fosse à côté de son père, derrière un pilier de l'église. Lui-même il n'eût pas choisi une autre place : il sera aussi caché dans sa mort que dans sa vie.

LES MASQUES

Je n'ai guère envie d'être gai, et il s'agit ici d'un bien autre déguisement que les déguisements du carnaval : je veux vous parler de ces horribles masques de plâtre que les disciples de Gall jettent impitoyablement sur les fronts les plus illustres, aussitôt que la mort les a touchés. Horrible curiosité qui défigure les plus beaux visages! Abominable façon de fermer les yeux des grands hommes! Stérile curiosité qui tue même les plus charmants souvenirs! Vous ne savez peut-être pas ce qui se passe de nos jours quand un grand homme est mort? Apprenez-le.

Il est encore tout chaud étendu sur sa couche. Sa femme et ses enfants sont là dans un appartement voisin qui pleurent, elle, son mari; eux, leur père; ses amis se regardent en silence ou bien se racon=

tent ses vertus ; car, lorsqu'un homme est mort, on sent plus le besoin de louer son âme que son esprit, son âme immortelle ! Cependant, dans cette maison désolée, par cette porte entr'ouverte, dans cette chambre où veille la lampe funèbre, un homme se glisse comme un voleur. Cet homme marche d'un pas inquiet : il retient son haleine ; tout à coup il se jette sur le lit mortuaire, il relève ce drap, premier linceul qui cache ces yeux éteints ; et à celui qui vient de mourir, cet homme arrache le crâne ; il vide cette tête penchée. C'en est fait. Puis il cache ce crâne volé sous son manteau, et il l'emporte ; c'est un crâne de plus pour la collection de cet homme.

Car, à présent, hélas ! nous en sommes venus à faire des collections de crânes humains ! Ne nous parlez plus de papillons aux brillantes couleurs, ou d'insectes mordorés, ou de beaux livres, ou de savantes gravures, ou de jolis oiseaux, fleurs volantes dans l'air, ou d'un vaste herbier d'après Linnée : futiles collections que tout cela ! Nous sommes bien plus avancés, nous autres ! Il nous faut des collections de têtes humaines. Le scalpel du sauvage de l'Amérique a passé de ses mains dans les nôtres. Aujourd'hui, le cercueil ne reçoit pas la plus noble partie du mort ; il n'emporte que des hommes sans têtes, et dans quelque mille ans d'ici, quand nos cimetières, après avoir servi de champs de repos, auront été ensemencés de nouveau et auront porté des moissons d'épis jaunissants à la place de cette moisson de tombes, les vivants de cette époque se donneront mille fatigues pour prouver à leur académie des sciences comme quoi les hommes de notre temps vivaient et mouraient sans cervelle. Hélas! ils n'auront peut-être que trop raison!

Vous demandez ce que deviennent ces crânes arrachés aux cadavres et ce qu'on en fait? On les jette d'abord dans une grande cuve, on les lave, on les ratisse; on ne garde que l'os, comme autrefois les vainqueurs dans les poëmes d'Ossian, qui faisaient une coupe d'un crâne ennemi. Quand le crâne est ainsi desséché, on en lève des copies, c'est-à-dire qu'on en fait un *bon creux;* et à l'aide de ce bon creux on tire autant d'exemplaires en plâtre qu'on en peut vendre. Car cette avidité de savants se réduit toujours à une valeur vénale. Ce plâtre, ainsi moulé, est vendu aux amateurs qui ne sont pas assez riches pour avoir de vrais crânes et qui se contentent de la copie en plâtre. Le vrai crâne est considéré comme est considéré le *bon plâtre* en statuaire. Voilà donc un commerce tout trouvé, le commerce des crânes. On a d'abord commencé par les assassins et les hommes des bagnes. Ces gens-là, tous remarquables par de magnifiques protubérances, signes avant-coureurs de grandes passions, ont été tout d'abord très-recherchés par les phrénologistes. On les achetait d'abord pour leur cadavre; aujourd'hui on les achète pour leur cadavre et pour leur tête. Ces malheureux ont la tête coupée deux fois, une première fois par le bourreau, une seconde fois par le cranologiste. Mais bientôt tous ces crânes ont fini par se ressembler. Cette monotone protubérance du meurtre a dominé toutes les autres comme Pélion domine Ossa.

Peu à peu la science nouvelle s'est enhardie : elle est allée du criminel à l'honnête homme et de la brute à l'homme de génie. D'abord la phrénologie s'est cachée pour commettre ses vols; mais bientôt, encouragée par l'impunité, elle n'a plus connu de mesure. O vanité humaine! on a vu de pauvres niais s'occuper de leur crâne au lit de mort et implorer l'honneur de faire partie de la collection des cranologues, afin d'avoir quelque réputation de génie au moins après leur mort! Triste oraison funèbre, celle-là! triste épitaphe! Je ne crois pas que jamais aucune époque ait donné une plus grande preuve de matérialisme.

Mais qu'importe! Nous n'avons pas mission, nous autres, de défendre la moralité sociale; nous devons, avant tout, défendre l'art, et c'est aussi au nom de l'art que nous nous élevons contre ces mutilations horribles. Volez tant que vous voudrez des crânes véritables, vous tous, Messieurs, qui en êtes amateurs; mais, par le ciel! abstenez-vous de faire vendre par les rues les tristes modèles de ces crânes ainsi dérobés. Ne voyez-vous pas que vous insultez au mort en le donnant au public, tout nu, tout dépouillé, tout contracté par le dernier frisson? Ne voyez-vous pas que cette horrible vérité du calque est plutôt faite pour mettre la mémoire d'un homme en dégoût que pour lui attirer les sympathies de ceux qui lui survivent? De quel droit osez-vous soutenir que ce quelque chose sans nom qui grimace horriblement, c'est là le même homme de génie qui nous a fait rire ou pleurer, quand il était, dans ce monde, l'objet de notre admiration ou de notre amour? Non, non, vous aurez beau dire, l'homme ne se compose pas seulement d'un crâne accompagné de protubérances; ce n'est pas là seulement ce qui fait un homme : ce qui fait un homme, c'est la vie, c'est la chair, c'est le mouvement, c'est le sourire, c'est le regard, c'est l'irritation de la passion, c'est le front orné de cheveux, c'est le calme, c'est la passion, c'est la colère, c'est l'amour, c'est la foi, c'est l'espérance, c'est la charité. Voilà ce qui fait l'homme. Otez son rire sardonique à Voltaire, son œil d'aigle à Bonaparte, son vaste front à Cuvier : où est Voltaire? où est

Bonaparte? où est Cuvier? Ils sont morts; et c'est une doctrine des peuples les plus barbares : *Respect aux morts!* Respectez la tombe, ne touchez pas le linceul! Vos grands hommes ne sont plus; pleurez-les, et si vous voulez en avoir mémoire, donnez-leur une vie nouvelle, sur la toile, sur le marbre, dans vos vers, dans vos oraisons funèbres. C'est là un des priviléges des grands hommes, de revivre en même temps dans leurs œuvres et dans les œuvres de leurs contemporains. Achille est venu au monde avant qu'il y eût un peintre pour faire son image : Homère a été le peintre d'Achille. Quel est le nom du peintre du grand Condé? Ce peintre s'appelle Bossuet, il est le même qui a fait le portrait de Henriette d'Angleterre et de la reine d'Angleterre, et qui, en deux paroles, a tracé l'immortel portrait de Cromwell, bien plus effrayant, bien plus grand que ne l'aurait fait Van Dick. A défaut de poëtes ou d'orateurs, n'avez-vous pas, pour perpétuer les grandes renommées, de grands artistes? Depuis quand la couleur, depuis quand le ciseau ont-ils manqué aux nobles visages? N'avez-vous pas honte, vous la nation policée, de déterrer vos morts et de calquer quelques restes de leurs traits éteints, pour les jeter ainsi, tout horribles, à la postérité, qui reculera épouvantée? Un crâne n'est plus un visage; un mort n'est pas un homme.

Vous vous récriez contre les portraits de Mignard, et vous dites : « Ils sont trop roses ! » mais, par le ciel ! je préfère mille fois un portrait rose de Mignard ; que dis-je ? je préfère mille fois un pastel de Latour, oui, de Latour ; je préfère les bergères, et les nœuds, et les amours qui portent des guirlandes, et toute cette nature fardée et fausse, au crâne le plus vrai, et le plus authentique, et le mieux conservé. Ce crâne est au delà de l'art. Du moins le portrait de Mignard ou le portrait de Latour a pensé à la vie ; il y a de la flamme dans ces yeux, du sang dans ces lèvres ; il y a de la peau sur ces mains. Eh ! que reprochez-vous à ces hommes, à ces femmes ? Ces femmes ont voulu être trop belles, ces hommes ont trop voulu être de grands seigneurs ; mais au moins et les modèles qui ont posé et le peintre qui les a faits, ils ont pensé les uns et les autres que la postérité arrêterait sur leur visage un œil de complaisance ; ils se sont faits aussi beaux qu'ils ont pu, afin d'être relégués le plus tard possible dans les greniers des hôtels qu'ils avaient bâtis, afin de plaire comme peinture, quand ils ne seraient plus salués comme souvenir. Ces gens-là ont voulu se survivre agréablement pour eux et pour les autres. Voilà pourquoi ils ont fait fixer sur la toile leur fugitive et rose vingtième année. Bénis soient-ils pour leur charitable idée !

Si vous ne voulez plus de leurs portraits, donnez-les-moi; que je les mette dans de beaux cadres, et que je les place au plus bel endroit de ma maison; et que je les voie me sourire et me saluer et me rendre grâce, et que je les adopte pour mes grands aïeux et pour mes grand'mères, ces hommes et ces femmes des deux derniers siècles, oubliés par leurs petits-enfants, chassés de leurs maisons et remplacés sur leurs panneaux armoriés par les gravures de Jazet; donnez-les-moi, ces nobles personnages: moi, plébéien, je les adopte! Mais à Dieu ne plaise que je veuille conserver vingt-quatre heures chez moi, fût-ce le crâne du plus grand misérable ou du plus honnête homme du monde. Je ne veux ni de Papavoine ni du duc de Penthièvre. Laissez l'assassin à Clamart, laissez le sage dans le petit cimetière où il a été enseveli comme en cachette. *Respect aux morts, respect aux morts!*

Et aussi respect, respect à l'art! Oh! n'allez pas remplacer le portrait des hommes par leur crâne moulé. Les grands hommes appartiennent de droit aux grands peintres, aux grands sculpteurs, et non pas à d'obscurs phrénologistes. Artistes, ne laissez pas entrer ces sinistres envahisseurs dans vos domaines. Vos domaines ne sont, hélas! que trop circonscrits. Si vous laissez passer ainsi tous vos morts par le scalpel, que vous restera-t-il? Des bustes de rois parvenus ou légitimes, les mêmes qui ornent si bien chacun à son tour les mairies de village et les théâtres de Paris.

Ces réflexions, qui sont tristes et vraies, me sont venues l'autre jour en voyant un colporteur qui vendait dans les rues, non pas les bustes, non pas les traits, mais le calque de Géricault, de Girodet, de Casimir Périer, de Georges Cuvier, tels que les a faits la mort. Ces masques, pris en eux-mêmes, sont horribles. Quand la mort touche un homme, elle contracte sa bouche, elle détourne ses yeux, elle rétrécit son front, elle jette ses joues çà et là, elle fait de toute cette face intelligente une horrible masse qui n'a plus de forme. De sorte que le plâtre jeté sur toutes ces figures horriblement contractées est à peu près le même plâtre pour toutes ces figures. La spéculation est donc une spéculation hideuse. Un pareil masque ne ressemble à aucun homme, ou plutôt il ressemble à tous les morts, ce qui est encore plus horrible. Nous avons vu ainsi les plus beaux et les plus jeunes être horriblement défigurés. Talma, ce beau Talma, qui avait si peur de la mort, il n'a pu échapper au plâtre ; j'ai vu son masque ! Oh ! comme notre grand tragédien eût reculé d'effroi, s'il eût pu se douter que sa tête aurait ainsi un cercueil à part; un cercueil de plâtre pour dessiner son visage et pour faire de ses traits, si admirablement réguliers, une horrible caricature! Pauvre Talma! il ne pouvait pas se douter de ce que c'était que la mort, telle que les phrénologistes nous l'ont faite! Pauvre Talma!

Vous avez connu Géricault? C'était celui-là qui était vif, et animé et joyeux à ses belles heures? Celui-là avait du sang qui coulait limpide, et pur et transparent comme l'âme de la rose aux cent feuilles; visage ouvert, naïf sourire, beau regard, et la tête haute à se perdre dans le ciel! Voyez ce que le plâtre mortuaire a fait de ce noble jeune homme! Ne dirait-on pas qu'il avait soixante ans quand il est mort et qu'il est mort de la vie des libertins? Je vous le répète, votre plâtre est un exécrable mensonge, une atroce calomnie: il défigure non-seulement le visage, mais encore l'âme et le cœur de l'homme dont vous volez les traits impunément. Faiseurs de plâtre, vous êtes des faussaires et des menteurs!

Je n'en veux qu'un exemple, le plus grand de tous: l'empereur Napoléon! Celui-là aussi, celui-là, le maître, le roi, le souverain, le dieu, l'effroi, l'amour et la gloire du monde! celui-là, plus grand que Charlemagne, plus puissant que César, plus beau qu'Alexandre; celui-là, que sa chute a grandi et qui est devenu un symbole, une religion, la plus belle de toutes les religions, une religion sans mystères; celui-là, à peine mort, à peine froid, quand il n'était pas un roi de l'Europe qui eût osé venir et mettre la main sur ce cœur qui avait cessé de battre, ô profanation! un homme est venu qui a jeté du plâtre sur ce visage royal; il a fermé avec du plâtre ces yeux qui recelaient la foudre; il a fermé avec du plâtre cette bouche qui a trouvé ces grandes paroles devant lesquelles se sont abaissées les Pyramides surchargées de leurs trois mille années; le plâtre a recouvert ces joues si pâles et couvertes des baisers de Joséphine; le plâtre a bouché ces oreilles qui ont entendu tant de grands cris de mort sur le champ de bataille et tant de belles adulations dans le salon des rois; le plâtre a dévoré l'empereur! le plâtre qu'on avait apporté pour boucher les trous que les rats avaient fait dans sa chambre, ce même plâtre a comprimé cet homme : il ne reste plus de lui que ce plâtre qui est horrible! Ce plâtre est devenu une spéculation industrielle: on le vend, on l'annonce, on l'achète; il est horrible! il ne rappelle rien de l'Empereur! A l'heure qu'il est les savants phrénologistes sont assemblés autour de ce plâtre, ils l'étudient un compas à la main. « Voyez, dit l'un, comme il était un grand homme! — Voyez, dit l'autre, comme il avait la bosse de la simplicité champêtre. — Il était fait pour être un guerrier, vous dis-je.

— Il était fait pour être un berger, vous dis-je ! » Oh ! les savants ! voilà comme ils sont tous ! Il résulte de cette étude du plâtre de l'empereur que si l'empereur n'a pas été un des meilleurs agriculteurs du département de la Corse, c'est qu'il a menti à son crâne. Tout à fait comme Socrate, le plus vertueux et le plus modéré des mortels : son crâne disait qu'il était colère, vicieux et libertin.

Que de choses il me reste à dire ! Mais c'est une règle de sagesse qu'il ne faut plus parler de personne quand on a parlé de l'empereur.

Et qu'on ne doit plus s'occuper d'autres plâtres, après le plâtre de l'empereur !

Profanation !

JENNY LA BOUQUETIÈRE

L'HISTOIRE de Jenny est une histoire extravagante et bizarre. Elle a fait un métier que je ne saurais trop vous expliquer, Mesdames. Cependant, comme Jenny avait un bon cœur et une belle âme, il faut qu'elle ait, elle aussi, sa biographie à part, moins que rien, une page dans notre recueil d'artistes. Jenny a été si utile à l'art!

Je dis *Jenny la Bouquetière*, parce qu'elle vint à Paris vendant des roses et des violettes pâles comme elle, la pauvre enfant! Pour le débit des fleurs, il n'y a que deux ou trois bonnes places à Paris : l'Opéra, le soir, quand l'harmonie étincelle, quand le gaz éclate, quand les femmes riches et parées s'en vont en diamants, en dentelles, se livrer aux molles extases de l'harmonie. Alors il fait bon avoir à part soi un magasin de roses et de violettes : le débit est sûr. Mais quand vint Jenny à Paris, elle ne put vendre ses fleurs que sur le pont des Arts, des fleurs sans odeur et sans couleur, image trop réelle de la poésie académique; des fleurs de la veille à l'usage des grisettes qui passent. Avec un pareil commerce il n'y avait aucune fortune à espérer pour Jenny.

Jenny la bouquetière se morfondait et pleurait. Il y eut des vieillards, des roués de la bourgeoisie, qui firent des quolibets à Jenny, qui l'accablèrent de mots à double sens; mais Jenny ne les comprit pas : le bourgeois libertin est trop laid ! La pauvre fille cependant vendait ses fleurs, mais le commerce allait mal; il fallait sortir de ce misérable état à tout prix.

Quand je dis à tout prix, je me trompe : non pas au prix de l'innocence, pauvre Jenny ! non pas au prix de cette fortune éphémère et misérable qui s'en va si vite et qui se fait remplacer par la honte. Ne crains rien pour ton joli visage, ma bouquetière : il y a quelque chose d'innocent à faire avec ta jeunesse et ta beauté; quelque chose d'innocent à faire, entends-tu bien? avec ton visage si frais, tes doigts si déliés, ton port si noble, ta taille svelte, et ce pied arabe qui donne une forme charmante à tes mauvais souliers.

Viens dans mon atelier, belle Jenny, viens ; tiens-toi à distance. Tu n'as pas même à redouter mon souffle. Pose-toi là, ma fille, sous ce rayon de soleil qui t'enveloppe de sa blancheur virginale. Oh! sois muette et calme, laisse-moi t'envelopper d'art et de poésie; tu seras mon idole pour un jour, à moi peintre. Je vois déjà voltiger autour de ta robe en guenilles les couleurs riantes, les formes légères, les ravissantes apparitions de mon voyage d'Italie. Reste là, reste, Jenny, sous mon pinceau, sur ma toile, dans mon âme, sous mon regard charmé. Que de métamorphoses tu vas subir! Vierge sainte, on t'adore, les hommes se prosternent à tes pieds; jolie fille au doux sourire, les jeunes gens te rêvent et te font des vers. Sois plus grave, relève tes sourcils arqués, réprime ce sourire : je te fais reine, grande dame; après quoi, si tu veux poser ta tête sur ta main, si tu veux mollement sourire, si tu veux t'abandonner à la poétique langueur d'une fille qui rêve, je fais de toi plus qu'une vierge : je te crée la maîtresse de Raphaël ou de Rubens. Pauvre fille, c'est beaucoup plus que si je te faisais la maîtresse d'un roi!

Jenny! inépuisable Jenny! Qu'elle vienne : l'inspiration me saisit et m'oppresse, la fièvre de l'art est dans mes veines, ma palette est chargée pêle-mêle, ma grossière palette en bois de chêne; ma brosse est à mes pieds, haletante comme le chien de chasse qu'on tient en laisse. Viens, il est temps, Jenny. Et Jenny vient, docile comme l'imagination, docile et souple et prête à tout, à tout ce que l'art a d'innocence et de poésie. Allons, Jenny, pose-toi : je veux voir en toi une belle fille grecque, comme celles que vit Apelles quand elles posèrent pour la statue de la déesse. Tu es belle ainsi, ma jolie Grecque, ma sévère beauté, mon Athénienne aux formes ravissantes! Et, si je veux changer ma beauté cosmopolite, ma beauté change : la voilà Romaine, Romaine de l'Empire, Romaine comme les Romaines de Juvénal. Allons, Jenny, sors du festin, prête l'oreille aux chant des buveurs, relis-moi l'ode d'Horace à Glycère, à Néera; sois belle et riche, étends-toi dans ta litière portée par des esclaves gaulois; remplace les bagues de l'hiver par l'or de l'été. Mais, avant tout, avant de représenter l'ivresse, as-tu déjeuné ce matin, Jenny?

Vous autres, vous ne vous figurez pas ce que c'est qu'une pauvre fille qui rêve tout éveillée, et qui rêve pour vous; vous ne vous imaginez pas tout ce qu'il y a de péril et de difficulté dans cette position fixe d'une pauvre femme qui reste des heures entières immobile, muette, arrêtée; il faut qu'elle unisse la passion au calme, la colère au calme, l'ivresse au calme, l'amour au calme. La plus grande des comédiennes, c'est une pauvre fille qui sert de modèle tout un jour, qui est comédienne tout un jour, comédienne pour un homme tout seul, comédienne à huis clos, comédienne qui se drape avec une guenille, reine dont un foulard forme la couronne, danseuse dont un tablier noir fait la robe de bal, sainte martyre qui prie, les yeux levés au ciel, en chantant une chanson de Béranger. Pauvre, pauvre femme! elle passe par tous les extrêmes, selon le caprice de l'artiste : on la brûle, on l'égorge, on l'étouffe, on la met en croix, on la plonge dans mille voluptés orientales ; elle est en enfer, elle est au ciel ; archange aux ailes d'or, prostituée à l'air ignoble, elle est tout, elle passe par toutes les habitudes de la vie : grande dame, bourgeoise, majesté, divinité de la fable, que voulez-vous ? et cela sans que personne l'applaudisse, sans un battement de mains, sans la plus petite part dans l'admiration accordée au chef-d'œuvre. On voit le tableau : que cette femme est belle! quel regard! quelles mains! que d'inspirations véhémentes dans cette tête! On porte l'artiste aux nues, on le comble d'or et d'honneurs : il n'y a pas un regard pour la pauvre Jenny ; or c'est Jenny qui a fait le tableau !

Étrange assemblage de beauté et de misère, d'ignorance et d'art, d'intelligence et d'apathie ! prostitution à part d'une belle personne qui peut sortir chaste et sainte après avoir obéi en aveugle aux caprices les plus bizarres ! C'est que l'art est la grande excuse à toutes les actions au delà du vulgaire ; c'est que l'art purifie tout, même cet abandon qu'une pauvre fille fait de son corps ; c'est que l'art est aussi favorisé que l'opérateur à qui on livre le cadavre sans repentir et sans remords ; c'est qu'aussi Jenny était douce et modeste autant que jolie ; Jenny était soumise à l'artiste, aveuglément soumise tant qu'il s'agissait de l'art ; mais là s'arrêtait sa vocation. L'artiste redevenait-il un homme, Jenny quittait son rôle brillant, elle redescendait des hautes régions où l'artiste l'avait placée comme à dessein, Jenny redevenait une simple femme pour se mieux défendre ; Jenny recouvrait de la bure ternie ses bras si blancs, elle rejetait sur son beau sein son pauvre mouchoir d'indienne, elle rentrait sa jambe nue dans son bas troué. On n'eût pas respecté la reine ou la sainte, on respectait Jenny.

Ce qu'est devenue Jenny ? Vous voulez le savoir ! Elle a parsemé nos temples de belles saintes qu'adorerait un protestant ; elle a peuplé nos boudoirs d'images gracieuses qui font plaisir à voir, de ces têtes de femmes qu'une jeune femme enceinte regarde si avidement ; elle a donné son beau visage et ses belles mains aux tableaux d'histoire ; sa bienveillante influence s'est fait longtemps sentir dans l'atelier de nos artistes ; avoir Jenny dans son atelier, c'était déjà un gage de succès. Jenny dédaignait l'art médiocre ; elle s'enfuyait à s'écheveler quand elle était appelée par nos modernes Raphaëls, elle ne voulait confier sa jolie figure qu'au génie, elle n'avait foi qu'au génie. Quand l'artiste favorisé était pauvre, Jenny lui faisait crédit bien volontiers. Aimable fille ! elle a plus encouragé l'art à elle seule que nos trois derniers ministres de l'intérieur à eux trois ! Mais, hélas ! l'art a perdu Jenny, perdu le charmant modèle, perdu sans retour ; l'art est livré à lui-même sans vertu, sans pouvoir, sans avenir, sans fortune, sans idéal !

Ce qu'est devenue Jenny ? Elle est devenue ce que deviennent toujours les femmes très-belles et très-jolies : heureuse et riche ; elle est à présent ce que seront toujours les femmes très-bonnes : elle est très-aimée, très-respectée, très-fêtée. La grande dame a conservé son amour d'artiste, son dévouement d'artiste ; elle est restée un artiste. Elle a quitté, il est vrai, ses pauvres habits, son simple foulard et son châle de hasard ; elle a chargé son cou de diamants, les tissus de cachemire couvrent ses épaules, sa robe est brodée, ses bas de soie sont encore à jour, mais troués cette fois par le luxe et la coquetterie ; elle a des gants de Venise pour cette main si blanche, et des senteurs de l'Orient pour cette peau si parfumée et si douce; elle a un titre et des laquais. Eh bien! ne craignez rien, approchez : la grande dame est toujours Jenny, Jenny la bouquetière, Jenny modèle. Si vous êtes un grand artiste, si vous vous appelez Gérard, Ingres, Delaroche ou Vernet, arrivez, dites-lui : « Jenny, il me faut une main de femme » : Jenny vous jettera au nez ses gants de Venise; dites-lui : « Jenny, il me faut de blanches et fraîches épaules, il me faut un sein qui bat » : Jenny ôtera son cachemire et vous montrera son sein et ses épaules; dites-lui : « Jenny, je fais une Atalante, il me faut la jambe et le pied d'Atalante » : Jenny, duchesse, vous prêtera sa jambe et son pied tout comme faisait Jenny la bouquetière. Bonne fille! et simple, et ingénue, et dévouée à l'art, aimant la beauté pour elle-même, se félicitant tout haut d'être belle parce qu'elle est belle partout, sur la toile, sur la pierre, sur le marbre, sur l'airain, en terre cuite et en plâtre, toujours belle. Que l'art ne s'afflige donc pas de la fortune de Jenny: Jenny appartient toujours à l'art; elle est son bien, elle est toute sa fortune. L'art veut bien la prêter à l'hymen d'un grand seigneur, mais ce n'est qu'un prêt qu'il lui fait : il faut que ce grand seigneur soit toujours disposé à rendre Jenny à l'artiste; c'est une stipulation écrite tacitement dans le contrat de mariage de Jenny.

L'AVEUGLE

A S. T.

Je vous prie de prendre à la lettre le titre de mon article. Ce chapitre n'a rien de politique; il n'a rien de commun avec ces longues allusions, en termes souvent trop couverts, aux affaires et aux hommes du moment. Ceci est la simple histoire d'un accident funeste arrivé à l'un de mes plus chers amis; et comme, je ne sais pourquoi, cette histoire a pris quelque peu une teinte artiste et littéraire, ne fût-ce que pour charmer les ennuis de mon cher Jules et les miens propres, j'ai entrepris de vous la raconter.

Jules est un homme d'esprit et de cœur; c'est un sceptique sans fanatisme et sans ostentation, simple et bon toutes les fois qu'il n'est pas en colère, facile à s'indigner, aimant beaucoup les vrais plaisirs, la table, le jeu de piquet à un prix modéré, la conversation avec les femmes pourvu qu'elles ne fassent pas de romans ou de vers ; il ne déteste pas non plus le vin de Bourgogne quand il est vieux et le cigare quand il ne vient pas de la régie ; du reste, bon et colère, licencié en droit, moqueur et s'inquiétant peu de ce qui s'imprime, vers ou prose, livre ou journal.

Ce jeune homme s'était fait une vie heureuse à sa manière. Il ne s'était dévoué à la politique de personne, il n'avait insulté aucune décadence, il n'avait salué aucun avénement ; il méprisait autant le fanatisme que l'admiration ; la foi lui paraissait un contre-sens dans une créature raisonnable ; il n'avait de haine que pour ses ennemis et d'amitié que pour ses amis ; ce qui est fort rare, remarquez-le bien, dans cette pauvre espèce humaine, qui se passionne à tort et à travers sans que le plus souvent elle puisse savoir pourquoi.

Ajoutez à cette égalité d'âme une absence totale d'ambition. En fait d'autorité, il n'avait jamais rien désiré, pas même la présidence du conseil des ministres ; en fait de distinction honorifique, il n'avait pas même songé à demander la croix d'honneur. Il était fait ainsi, indifférent à tout ce que le vulgaire appelle de ses vœux. L'amour même le comptait au dernier rang de ses élus : c'était un enrôlé qui allait au pas, sans se presser, et toujours sûr d'arriver trop tôt.

Sans compter qu'il avait la plus sublime indifférence pour les objets extérieurs : le monde allant et venant le touchait peu ; les célébrités les plus fortes, celles de la veille, le touchaient peu. Il n'eût pas détourné la tête pour voir un pape saint-simonien. On lui eût dit, pendant qu'il était à dîner : *Voici une révolution qui passe!* qu'avant le dessert il ne se fût pas mis à la fenêtre pour la voir passer.

Souvent je le grondais de tant d'indifférence. « Malheureux ! lui disais-je, tu ne sauras donc jamais un mot de l'histoire contemporaine ! Tu n'as vu ni M. Périer, ni M. le général La Fayette, ni le père Enfantin, ni Béranger ! tu n'as pas été admirer le monument en bois des héros de Juillet et l'éléphant en plâtre de la Bastille ! Tous nos grands hommes passeront, tous nos monuments crouleront, et tu ne pourras pas dire à tes petits-enfants : *Je les ai vus!* Malheureux et insensible ami ! à quoi donc te sert d'avoir des yeux ? »

Ainsi je lui parlais souvent. Lui, railleur bonhomme, se moquait de mon enthousiasme ; il traitait toute l'histoire contemporaine comme de l'histoire ancienne ; il attendait, disait-il, qu'on l'eût écrite pour l'apprendre et pour y croire ; et puis, disait-il encore, n'avons-nous pas l'*Iconographie des contemporains?* n'avons-nous pas le supplément à la biographie Michaud? Et la lithographie donc, qui reproduit si bien tous les monuments et toutes les figures en plâtre! Est-ce donc la peine de nous déranger?

Et il allait toujours ainsi sans rien regarder; ou bien, s'il regardait quelque chose, ce n'était pas l'histoire, ce n'était pas le fond solennel de cette riche et bizarre étoffe qu'on appelle *le dix-neuvième siècle*, ce fond ventre de biche et de vautour qui change éternellement, et qui pourtant est toujours le même à quelques nuances près : ce qu'il regardait, mon ami, c'étaient les franges de ce vaste tapis, c'était l'innocente bordure de cette monotone histoire : des chevaux fringants, des chiens svcltes, et quelquefois de jolies filles sveltes aussi, rieuses, boudeuses, aimable meute qui l'avait mis si souvent aux abois! Ainsi, s'inquiétant peu d'histoire et ne sachant rien du siècle où il était, le malheureux jeune homme s'arrêtait des mois entiers à voir folâtrer ce monde d'accessoires, ce monde de superfluités, pendant que le monde grave et solennel, le monde de M. Persil et de M. d'Argout, allait toujours son train.

Moi, qu'affligeait tant d'insouciance, je répétais toujours : « Tu n'y vois pas! tu es aveugle, ami!

Vois donc tout ce que tu as laissé passer sans le voir : l'empereur d'abord, ce géant sous lequel tu es né, tu ne l'as pas vu avant son départ pour sa tombe, et tu pouvais le voir ! la première et la seconde restauration, suivies et non pas précédées de cosaques, tu pouvais les voir, tu ne les a pas vues ; Louis XVIII, ce roi dans son char de triomphe et dans sa bière, mécréant et si habile, roi et cadavre, tu pouvais le voir ; tu pouvais voir la brillante calèche du sacre de Reims donnant la main au vaisseau de Cherbourg ; tu pouvais voir enfin le programme de l'Hôtel de ville, que si peu de gens ont vu. Tu n'as pas vu tout cela, ami ! tu n'as rien vu de tout cela, pas même le programme ! » Et je lui répétais encore ma malheureuse phrase : « A quoi donc te servent tes yeux, cher Jules ?

« Avoir des yeux pour voir des grisettes et des caricatures en plein vent ! avoir des yeux pour ne rien voir ! A quoi te sert d'avoir des yeux ? »

Tant et tant la répétai-je que la phrase maudite me porta malheur, et à lui aussi, mon pauvre ami. Un matin que j'allai le voir pour lui montrer l'abbé Châtel, je trouvai mon cher Jules enfoncé dans un fauteuil et dans l'attitude d'un profond recueillement. Je ne l'avais jamais vu penser comme cela.

Je pris un fauteuil à côté du sien, et j'attendis qu'il eût poursuivi son idée dans ses derniers retranchements.

Après un quart d'heure de silence :

« Pourquoi, me dit-il, ne m'as-tu pas fait encore ta question : *As-tu des yeux ?*

— J'attendais, lui dis-je, que tu m'eusses regardé et dit bonjour.

— Bonjour, me dit-il ; mais, je t'en prie, demande moi : *As-tu des yeux ?* »

Moi, sans me déconcerter, je lui dis :

« As-tu des yeux, Jules ? »

Il me répondit :

« Je ne sais pas si j'ai des yeux. »

Et, en effet, il était devenu presque aveugle. Une seule nuit avait obscurci cet œil vif et perçant ; un épais nuage s'était étendu sur ce regard qui embrassait tant d'espace. Soit que ce regard peu exercé ait perdu tout à coup sa vigueur, soit que mon maudit : *As-tu des yeux ?* ait porté malheur au pauvre Jules, c'était à peine s'il y voyait assez pour lire un livre de messe, en gros caractères, à l'usage de notre bonne vieille tante de quatre-vingt-dix ans.

« Diable ! lui dis-je, la question prend une telle gravité que je ne te la ferais plus qu'en tremblant à présent.

— Mais, dit Jules, à présent aussi ta question a pris un sens tellement restreint qu'il faut au contraire te hâter de me la faire; car, entends-tu bien, avant de n'y plus voir je veux tout voir; tout voir, entends-tu bien, voir tout ce que je n'ai pas vu quand j'y voyais, avant de ne plus rien voir. »

Je gardai le silence. Il reprit la parole l'instant d'après.

« Tu me mèneras, entends-tu, aux endroits les plus curieux de Paris, que je puisse dire : — « J'ai vu Paris, mes enfants, tout aveugle que je « suis ! »

Moi, voulant flatter son mal, je lui dis : « *As-tu vu les catacombes?*

— Oh! dit-il, je n'ai pas besoin de voir les catacombes. Je me figure de grandes murailles d'ossements et des inscriptions latines, ou à peu près, et des vers français sans orthographe, et des passages tirés des Psaumes, des noms inconnus gravés sur la pierre. Non, mon ami, j'ai assez vu les catacombes comme cela.

— Et la Chambre des députés, mon ami ?

— La Chambre des députés! me dit-il. Songe donc que c'est une méchante baraque en bois mal peint. Je ne puis pas me déranger pour si peu, conviens-en. Passe encore si on me laissait pénétrer dans le pavillon à côté.

— Veux-tu monter au clocher du Panthéon, ou descendre dans les souterrains ?

— J'attendrai que le sort du Panthéon soit décidé, et qu'on sache s'il appartient pour tout de bon à sainte Geneviève ou à Voltaire. En attendant, tous les clochers se ressemblent : je suis monté, il y a quinze ans, au clocher de Gagny, qui a cent soixante et quinze marches de hauteur.

— Si nous allions, répondis-je, à l'Institut un jour de séance ? Tu verrais là plus de grands hommes que tu n'en peux imaginer.

— Des grands hommes d'Institut ! un crâne chenu, une perruque pelée, un habit débrodé, un jabot sale ! D'ailleurs j'ai vu les deux extrêmes en fait de grands hommes : j'ai salué un jour monsieur Cuvier, j'ai donné le bras à monsieur Cousin. Cela me suffit, j'imagine, pour juger des plus grands et des plus petits !

— Mais songe donc, repris-je, que demain peut-être ce monde si riche t'échappe ! Profite donc de la clarté qui te reste ; hâte-toi, si tu veux voir encore un homme d'État en grand costume, un maréchal en uniforme, une duchesse en robe de gaze, un empereur, un roi, que sais-je ? Les rois deviennent rares dans tous les cas. Il faut te hâter, Jules, car demain ton laquais lui-même n'aura plus de livrée pour toi.

— Que m'importe la livrée? me dit-il. Or ou galon, gaze ou bure, tout cela n'est qu'une vaine décoration que mon œil ne regrette pas. Au demeurant, et en réfléchissant bien, j'ai vu Paris autant qu'on peut le voir : j'ai vu la colonne, voilà pour la gloire; j'ai vu l'Hôtel-Dieu, voilà pour l'humanité; j'ai vu Saint-Sulpice désert, voilà pour nos croyances; j'ai vu les Tuileries sans vitres aux fenêtres, voilà pour la sécurité des rois; j'ai vu le Palais-Royal, voilà pour les vices du peuple. Gloire, croyances, royauté, vices populaires, qu'ai-je donc de plus à voir? »

Disant cela, il n'était pas triste, il n'était pas gai : il était comme un gentilhomme flâneur qui va faire un voyage solitaire, qui ne veut pas trop surcharger sa monture et qui discute avec un ami pour savoir ce qu'il n'emportera pas dans sa valise.

Je le savais quelque peu sensible à l'art. « Au moins, lui dis-je, n'est-il pas quelque visage que tu regrettes dans nos théâtres? quelque comédien que tu veuilles revoir avant de dire adieu à la lumière du lustre, le soleil des mondes fardés? »

Il réfléchit un instant ou deux, puis il reprit :

« J'ai beau y penser, mon cher Jules, je ne regrette la vue de personne dans le monde théâtral. Ce monde-là se divise en deux parties, le vieux et le jeune monde. Le vieux monde dramatique a été beau, j'en conviens; mais à présent sa peau se contracte, les cheveux lui tombent, les rides le sillonnent de toutes parts. Veux-tu donc que je demande des yeux pour voir toutes ces horreurs, ces jeunes premiers d'un demi-siècle, ces ingénues de soixante ans? Non, non, ce vieux monde n'est pas ce que je regrette; le vieux monde du drame me faisait fermer les yeux quand j'y voyais. Quant au jeune monde, avoue, mon ami, qu'il est peu favorisé des dons de la beauté? Quelle est la jeune fille de nos théâtres assez belle pour qu'on ne regrette pas la dent qui lui manque, ou qu'une de ses hanches ne soit trop haute, ou que sa main soit trop large, son pied trop long? quel est le héros dramatique qui n'ait à se reprocher quelque imperfection théâtrale? La beauté physique n'est plus dans le monde des arts; pour ce monde-là, pauvre, humilié, malheureux, qu'il soit vieux ou jeune, à quoi me serviraient mes yeux?

— Au moins, lui dis-je, pense à toi; pense donc qu'un jour, si tu es aveugle, tu sentiras dans ton âme le besoin d'aimer et de choisir une compagne et de la voir! Et comment pourras-tu la voir si tu ne la vois pas à présent? comment referas-tu son visage si tu ne la vois pas d'avance? Viens donc, mon Jules; allons au bal ce soir. Tu y verras la foule de jeunes filles sans époux que leurs mères traînent après elles au bruit de l'orchestre de Tolbecque ou de Colinet, espérant pour leurs filles un mari qui ne vient pas. Viens au bal ce soir, afin que tu puisses choisir et jeter ton mouchoir à la plus belle quand tu n'auras plus tes yeux !

— Ne me parle pas du bal ! reprit-il vivement : le bal est le plus horrible plaisir que je connaisse ; le bal est une prostitution anticipée, dont la fausse nudité est mille fois plus indécente que la véritable nudité. Ne me parle pas du bal, ni des filles à marier au bal ! Le bal est un théâtre pour elles. Au bal, elles s'étalent à plaisir et se montrent dans leur beau une heure, pour être maussades le reste de leur vie. Ne me parle pas du bal ! Quant à chercher une femme, je n'ai pas besoin de mes yeux pour la trouver : quand je serai aveugle, je la verrai à sa main, à son pas léger, à sa voix surtout, à son visage s'il rougit sur mes lèvres, à son cœur s'il bat contre mon cœur, à son haleine, au parfum virginal de ses vêtements. A ces signes je trouverai ma maîtresse ; je n'ai pas besoin d'y voir pour être encore le plus heureux des hommes, si je dois être encore heureux. »

Puis il reprit sur un ton moins sévère :

« Si je deviens aveugle, mon ami, je te conseille de ne pas trop me plaindre. A le bien voir, il n'y a plus rien de beau dans le vieux monde ; le monde est laid, vieux et monotone. Que m'importe la vue, si j'ai la paix et le calme chez moi, la chaleur du soleil, la promenade du soir, les fleurs du printemps, les fruits de l'automne, les brises murmurantes du vent d'hiver? Plaisirs d'aveugle, bonheur d'aveugle, sais-tu rien de mieux? La vue de nos grands hommes et de nos grands monuments fait pitié. Lire nos poëtes modernes, c'est dormir. Moi, quand je voudrai la poésie, je me répéterai deux ou trois cents vers que je sais par cœur. Moi, mon exil est fini dans ce monde mobile; grâce à mes yeux, je suis sûr de rester le même quand tout change. Si j'y vois moins, j'entendrai mieux; et qu'est-ce que l'histoire? du bruit, plus encore que du mouvement. »

A ces raisons, ne sachant que dire, j'allai chercher les dessins de Charlet, la gravure de Dupont, les croquis de Delaroche, et de Decamps; je montrai tout cela à l'aveugle.

« Tu as raison, dit-il, tout cela est l'art moderne : Decamps, Charlet, Ingres; ajoutes-y quelques vers de M. de Lamartine, une page de Châteaubriand et de M. La Mennais; et puis c'est tout!

— Donc, tu peux devenir aveugle, mon ami, et sans regret?

— Oui, dit-il, aveugle et sans regret. Je sais tous vos visages, amis; j'entendrai vos voix, je vivrai avec vous; je ne verrai plus le monde extérieur : qu'importe au monde et à moi ? »

Je sortis; il me rappela.

« Cependant, reprit-il, il est deux choses que je veux voir encore avant d'être aveugle tout à fait. C'est une fantaisie qu'il faut me passer, mon ami.

— Sans nul doute, lui dis-je; et quelles sont ces deux choses?

— D'abord je veux voir le caniche qui doit guider mes pas quand je serai aveugle tout à fait. Puis, va me chercher des yeux d'émail : je veux choisir les yeux qui remplaceront les miens. Avec des cheveux noirs comme les miens, depuis que j'existe j'ai toujours désiré des yeux bleu de ciel. »

Le lendemain je me levai de bonne heure; j'allai chez mon ami avec mon chien à la main et mes yeux bleus dans ma poche. Mais mon ami était sorti avec ses yeux noirs plus clairvoyants que jamais, et je ne trouvai dans sa chambre que le père de Louise, sa lectrice, qui me dit :

« Où donc votre ami l'aveugle a-t-il conduit ma fille si matin? »

TABLE

DU TOME PREMIER DES MÉLANGES

	Pages
Les Cheveux blancs de la Reine.	1
Traité des Petits Bonheurs.	21
Une Nuit dans Alexandrie	27
De l'Influence de la Plume de fer en littérature.	57
La Ville de Saint-Étienne.	76
Maître et Valet.	97
Les Marchands de chiens.	115
Le Dîner de Beethoven. Conte fantastique.	129
La Vallée de Bièvre.	147
Le Livre de Mme Prevost.	163
Croquis.	197
A Charlet.	207
Les Deux Frères Alfred et Tony Johannot.	215
Mort d'Alfred Johannot.	231

TABLE.

	Pages
Mort de Tony Johannot.	243
Étienne Béquet.	249
Les Masques.	275
Jenny la bouquetière.	287
L'Aveugle.	295

A PARIS

DES PRESSES DE D. JOUAUST

Imprimeur breveté

RUE SAINT-HONORÉ, 338

153 22 7

ŒUVRES DIVERSES DE JULES JANIN

Nous ne publions ni les œuvres complètes de Jules Janin, ni des œuvres *choisies*, dans le sens qu'on attribue généralement à ce mot, qui indique le plus souvent un choix fait sans le concours de l'auteur; mais celles de ses œuvres pour lesquelles il avait le plus marqué sa prédilection. Notre collection est l'accomplissement d'un projet formé du vivant de Jules Janin, et l'exécution d'une de ses dernières volontés.

Les *Œuvres diverses de Jules Janin* se composent de 12 volumes, savoir :

L'ANE MORT, précédé de l'*Autobiographie de l'auteur*.	1 vol.
MÉLANGES ET VARIÉTÉS LITTÉRAIRES.	2 vol.
CONTES ET NOUVELLES.	2 vol.
CRITIQUE DRAMATIQUE.	4 vol.
CORRESPONDANCE.	1 vol.
LA FIN D'UN MONDE ET DU NEVEU DE RAMEAU, suivi de *Nouvelles*.	2 vol.
	12 vol.

Outre le tirage ordinaire, il est fait un TIRAGE D'AMATEURS, ainsi composé :

300 exemplaires	sur papier de Hollande à.	7	50
25	— sur papier Whatman à.	15	»
25	— sur papier de Chine à.	15	»

350 exemplaires, numérotés.

Chaque volume est orné d'une GRAVURE A L'EAU-FORTE PAR ÉD. HÉDOUIN, réservée spécialement pour ce tirage.

3529. — Paris, imp. Jouaust, rue Saint-Honoré, 338.

www.ingramcontent.com/pod-product-compliance
Lightning Source LLC
Chambersburg PA
CBHW060648170426
43199CB00012B/1712